シリーズ「知のまなざし」
社会学のまなざし

ましこ・ひでのり

三元社

凡例(ハンレー)と注意

* 表記のユレなどの問題を回避するなど、言語学的な検討のすえ、「訓よみ」を極力さけています。ルビは表音主義（発音どおり）です。
* 参考文献は巻末に50音順による著者名配列でならべられています。
* 参考文献の著者名配列は、家族名によるものですが、「スチュアート・ヘンリ」など一部例外をのぞき、欧米系の著者は「個人名・家族名」という形式です（ジョン・アーリ＝吉原直樹監訳、2006『社会を越える社会学——移動・環境・シチズンシップ』法政大学出版会……など）。
* 参考文献は、「資料としてどうぞ」という位置づけであって、「ただしいことがかいてあります」という意味ではありません。信頼性については、関連情報と照合して自己責任でご判断ください。
* 参考文献の一部は、古書としてしか入手できないもの、図書館でしかよめないものもあります。
* 引用文中の……は略です。

はじめに

　「まなざし」とは、J-Pops の歌詞やタイトルにもあるように、まだ死語になっていません。でも、「せのび」「ふるめかしい」「わざとらしい」……など、実際くちにするには気がひける表現でしょう。もともと、「眼」（まなこ）、「瞬き」（またたき／まばたき）、「睫」（まつげ）、「瞼／目蓋」（まぶた）……などとおなじく、「眼差し」（まなざし）は、現代日本語「目」（め）の古層である「ま〜」のなごりのようです（「め＋の＋さし」→「まなざし」）。「視線」という漢語表現をわざとさけた、気どった表現かもしれません。

　それはともかく、哲学者サルトルや社会学者見田宗介が「まなざしの地獄」を問題にしたとおり、ジロジロみつめること自体が、暴力的。いや、「みつめられている」という自意識自体が「地獄」（サルトル [1957]、サルトル [2007]、見田宗介 [2008]）。来場者に半日好奇の視線にさらされる日常はゴリラやオランウータンなどを神経衰弱においこみます。

　「あたたかいまなざし」もある一方、「ひややかなまなざし」もあり、「まなざし」には人物の意思（愛情／興味／暴力……）が感じとれます。「他者」から「みられる」という意識が想像上の「他者」をうみだす。そうした想像上の他者の視線こそ、「羞恥心」をもたらしたり、「世間（セケン）」なるものの実体ではないか……（浜田寿美男 [1999]）とか。「視線の病理」ほか、さまざまな「まなざし論」によって一冊本がかけてしまうほどです（井上忠司 [1982]）。

　さて、では、表題にえらんだ、「社会学のまなざし」とは、具体的にどのようなものであり、それを駆使する人物にはどういった意思

がはたらいているのでしょう。

　本書は、「社会学のまなざし」の基本構造を紹介するとともに、それが具体的になにをてらしだすのか？　それをあきらかにしようとするものです。さらに、世間から「社会学者」とみなされている集団が共有する「まなざし」の本質を整理し、かれら／かのじょらが、どのような意思のもとに、「まなざし」を行使しているのかを、ときあかすことになるでしょう。

　本書のおもな想定読者層は、10代後半。高校生から大学1年生ぐらいのイメージです。「知のまなざし」シリーズのほかの本とおなじく、「社会学部」志願者など関心のたかい層以外の、なんとなく「社会＋学」というモジにめがとまった層も、対象にしています。

　とりあえず、文学／心理学／政治学／経済学……など、社会学周辺の人文／社会系の学部をめざす高校生や、実際にそういった各学部に進学した大学生。あるいは、意欲的な理科系志望の生徒・学生を想定しています。とりわけ原発事故をふくめて、さまざまな領域で専門家や企業人の倫理がとわれる昨今、法学系はもちろん、医歯薬科系・理工系・生命科学系・身体科学系をまなぼうとする生徒・学生さん（高等専門学校生とかも）には、あえておすすめしたい。

　はい。「医師免許をとった医学者以外は、所詮シロートだから、人文・社会系のくだらん講義なんてきくだけムダ。当然内職タイム……」などとバカにしているそこのアナタ[1]。そういった少々ゴーマンなエリート意識こそ、社会をハイリスク化させている元凶です

1　実は、公衆衛生の一分野である疫学、近年「社会疫学」とよばれる分野は社会学と連続性があります（医療社会学・環境社会学・障害学）。また、環境社会学会などのばあい、会員の相当数が社会学出身ではなく、工学系・農学系の研究者・ジャーナリストです。

(竹内啓［1984］)。いや、みなさんのような「危険な」エリート予備軍の存在こそ、この日本社会のハイリスク体質の産物というべきですね。あなたが『社会学のまなざし』という書名にめをとめたこと自体、これからの人生を暗示しているというか、一種の宿命的な「であい」におもえます。

　では、「社会学」の世界にちょっとだけ「よりみち」してみてください。どこか1節だけでいいから、目次・みだしで気になった箇所を「たちよみ」してみてから、ご判断を。おそらく世界人口の1％未満しか一生名称以外わからずにすませてしまうだろうマイナーな世界。しかし、それが、どういった「まなざし」でくみたてられているか。ここで5〜10分程度の時間をさくのか？　それともスルーしてほかの本にめうつりするのか？　それは、あなたの人生の岐路を意味しているはず……といった、意味深……なセリフで、みなさんを挑発しておくことにします。

目次

―――

社会学のまなざし

はじめに ⅲ

1. 社会学のまなざし ……………………………………… 1

まなざし① 「近現代を特殊な時空としてみる」……… 1

近現代限定 1／世襲身分を前提としない 2／歴史教育の本質的欠陥 4／「社会」と「世間」への特殊なまなざし 5／なぜ、近現代における社会・世間は、スポットをあてる価値をもつか？ 8

まなざし② 「自由は不自由」……… 11

なにがおきても不思議でないはずなのに 11／「男物／女物」 14／「分化」の常識 15／少数派へのめくばり 17

まなざし③ かわらない社会がなぜかわる ……… 19

微視的変動がつみかさなると…… 19／変動のきざしをかぎわける 21

まなざし④ 「常識」をうたがう ……… 22

「常識」は真理か 22／「正常」「異常」の境界線 25／社会学は「非常識」 26

まなざし⑤ 人間行動をとりまく社会の産物とみなす ……… 28

本能だけでは説明できない 28／特定の言語をはなすようにはプログラミングされていない。生殖も文化 30

まなざし⑥ くりかえされる現象を善悪等の判断をひかえて直視する ……… 33

「社会的事実」を直視する 33／急速な自殺率低下は異常事態 35

まなざし⑦　「いま・ここ」を「いつか・どこか・なにか」とくらべる ……… 36

まなざし⑧　「理念型」と「本質主義」……… 39

　　「理念型」——タイプをみちびきだす　40／「本質主義」＝過度の一般化を極力さける　43

まなざし⑨　普遍的真理の探究は断念して、探求目標を限定する ……… 45

まなざし⑩　可能なかぎり、現実を可視化する ……… 47

　　データの透明性の確保　47／さまざまな社会学　48

まなざし⑪　社会学の「ねらい」……… 51

　　さがしもとめるものは　51／なんのために　53

2. 社会学という「知のわくぐみ」……… 55

わくぐみ①　社会変動論：「現代社会」という、流動しつづける時空 ……… 55

わくぐみ②　役割論／ライフコース論：「現代社会」のなかで激動する人生 ……… 58

わくぐみ③　社会学的身体論：「現代社会」のなかで激変する心身 ……… 60

3. 知の回路 ……… 63

回路①　自由と平等をめぐる社会現象：自由主義／資本主義／福祉社会 ……… 63

市場原理主義者の「常識」？　64／弱者救済策という配慮　66／優勝劣敗原則は貫徹されない　68

回路②　産業社会の動態：産業革命／グローバリゼーション／マクドナルド化 ……… 69

「技術革新」――人口増加と輸送速度　69／農業・畜産業・水産業の工業化　71／複製技術　73／オートメーション化　74／グローバリゼーション（グローバル化）　76／グッズ（goods）・バッズ（bads）の大量高速移動　80／軍事関係者・被災者の大量移動　82／グローバル化がたまたま拡散させたマクドナルド化　84

回路③　優生思想とその周辺：血統意識／民族意識／国民意識 ……… 88

共同幻想としての血統意識　88／「人種」「民族」？　92／国民？　93

回路④　合理化の非合理性：超合理化社会／リスク社会／不安社会（官僚制とNIMBYがもたらすブラックボックス） ……… 95

超合理化社会　95／グローバル化のリスクとNIMBY　98／不安と排外主義　100／風評の伝言ゲーム　104／監視社会化　108

回路⑤　加速・濃縮化と分散・孤立化：バベル化／ガラパゴス化／情報格差 ……… 109

現代の「バベルの塔」　109／ガラパゴス化――つぎつぎ誕生する現代の「ムラ」　114

回路⑥ ドラマとしての社会：「老若男女」による舞台と、みえないシナリオ……… 117

役割を演じる 117／虚構のドラマが「お手本」に 120／ステレオタイプ＝本質主義化した役割 125

回路⑦ 社会のなかのライフコース：人生をくみたてる保育／教育／修行／引退……… 130

保育の時間 130／教育文化の変動 133／学歴インフレ 136／「みならい」期間の長期化と現役引退 138／「おひとりさま」期間 142

回路⑧ パフォーマンス（スポーツ／ダンス／ショー）の政治経済学……… 143

スポーツは人間の本能か？ 144／身体技法文化の制度的整備化 146／身体技法文化の政治性 149／健康志向のシンボル化 151

回路⑨ 濃縮・膨張する心身：身体加工／薬物／ペットロス／心理主義……… 156

「不老長寿」志向 156／身体加工 159／印象操作 161／「外見至上主義」と変身願望 163／ヘルシズム 169／ペットロス 173

回路番外編 ジダンの頭突き問題……… 177

4. 社会学という「知の回路」のための10冊 ……… 183

参考文献 187
あとがき 198

1. 社会学のまなざし

まなざし①「近現代を特殊な時空としてみる」

近現代限定

　まず、「社会学」というと、「社会の学問」だろう、と、イメージされそうです。「小中学校の社会科をこむずかしくしたもの？」「社会科ではあつかえなかったオトナの世界もつけくわえたもの？」など。結論からいうと、半分あたっていますが、半分はずれています。カバーする領域的にも、方法的にも。

　カバーする領域は、小中高校生むけの「社会科」「地歴・公民科」はもちろん、社会学以外の社会科学全般よりも、ひろい世界です。と同時に、近代以前を対象からはずすなど、時代的には、近現代限定の学問体系であり、かなりかたよりがあります（日本列島周辺でいえば、明治政権成立以降）。乱暴ないいかたをするなら、法学や経済学などが普通あつかわない種々雑多（シュジュザッタ）な人間行動（「援助交際」etc.）を全部カバーしようとする一方、歴史学の人材の大半がたずさわっている時間・空間にてをださないのです。

　近代以前に関心をもたないのではありません。しかし、「社会学」にとっては、「近代以前＝人類史の大半をしめている前史」として、現代社会と比較対照するための素材となります。「社会学のまなざし」は、「人類史の大半」からはみでた、「特殊な時空としての近現

代」にむけられています。「社会学のまなざし」とは、「特殊な時空」であることが当事者に自覚されていない現実を自覚し、現状から自由になろうとする視線＝姿勢ということができるでしょう。

では、「特殊な時空」にとりくみ、そうでない時空（人類史の大半）を「比較対照するための素材」としてしかあつかわないわけは、なにか？　まず、ほかの人文・社会諸学（人類学・民族学・経済史などは例外ですが）が近現代の特殊性にさして重要性をみとめていないか、すくなくともそれを自覚的に認識したうえで議論をくみたてているようにはみえないからです。「社会学がとりくまないで、どこがやる？」という感じか？　また、「比較対照するための素材」は、経済史・社会史など、基本的に近代以前に関心をよせる専門家がたくさんいるのだから、わざわざシャシャリでるまでもないだろうと。

世襲身分を前提としない

ところで、「特殊な時空としての近現代」とは、具体的になんでしょう？　それは、「世襲身分を前提としない」という原則の支配する時空です。近現代以前は親世代の人生をトレースするような感じで、現在の皇室のようなイメージの人生でした。「世襲身分を前提としない」とは、逆に、保護者の人生とは無関係に、職業／居住地／交友関係等の人生全般で、法律の禁じること以外、原則的になんでも、自己責任で選択してよい、「自由主義」が基本ということです（すくなくとも、両親主導で、みあい結婚をすることが当然視されているイスラーム圏やインドなど世界中の相当の面積・人口は、皇室・歌舞伎界などと同様に非近代的な空間といえます。これらの空間は、社会学ではなく、民族学・人類学・地理学などがとりくむ領域です）。

一個人の人生の途中で社会的地位がおおきくかわること、あるいは親子間で社会的地位がかわることを「社会移動」といいます。い

まから1980年代なかばまでは実際に大量におこったことですが、中卒・高卒で工場労働者だった両親のコドモ世代が大卒の事務員で、先代は専業農家だったといった3世代での劇的な社会移動が列島各地でみられました。一個人のなかでも、たとえば「たまのこし（玉の輿）」とか、デカセギでできた資金で会社経営者になるとかの社会移動（上昇移動）もあれば、倒産などで「蒸発」、知人がだれもいない新天地で、ひやとい労働に従事といった社会移動（下降移動）など、そこには悲喜こもごもがついてまわります。

現実には、未成年者はもちろん20歳前後までは、保護者の人生にものすごく影響されるのが普通でしょう。王族だけではなくて、政界や同族企業、歌舞伎界など、おおくの「世襲」的現象もみあたります。しかし、基調は自己責任原則にもとづいた「自由主義」であり、「競争原理」「業績原理」にもとづいて、職業／居住地／交友関係等を自由選択できるというのが、タテマエです（実際には、流行はもちろん特定の人物の「欲望」をコピーする傾向があり、周囲の影響力から完全に自律的ではありません。作田啓一［1981］）。ですから「自由選択できる」という原則に反してあからさまに妨害すると、裁判でかてません。たとえば「絶対、あいつとの結婚はゆるさん」などと実力行使をすれば、憲法24条「婚姻は、両性の合意のみに基いて成立」という規定に反し、民法上の不法行為とされるなど。

こういった「自由主義」が偶発的にくりかえされるだけでなく、どんどんつみかさなり、からまりあう以上、社会はとめどなく流動していくでしょう（社会学では「社会変動」とよびます）。実際、科学技術の進展、市場経済の流動、情報化の進展は、大都市部を中心に世界中を強力につきうごかしています。近年では「グローバリゼーション／グローバル化」（〈回路②〉参照）とよばれるものです。

1. 社会学のまなざし

歴史教育の本質的欠陥

　みなさんは、韓国・中国をはじめとした東アジア諸国の政治経済上の急成長などをちいさいころからみききし、バブル経済だの、高度経済成長といった「歴史上」のできごとを、ひとごとのようにおもっているでしょう。と同時に、新技術や発見がどんどん報道されるけど、人類社会は全体として進歩・前進しているのだろうか？などと、ソボクな疑問ももっているでしょう。しかし、歴史の教科書などをよむかぎり、世界史は、単なるできごとの発生・蓄積というよりは、奴隷解放だとか植民地の独立だとか、医療技術や通信技術の進歩だとか、なにか「前進」のようなイメージもある。あとでのべる〈まなざし⑦「いま・ここ」を「いつか・どこか・なにか」とくらべる〉ともかさなりますが、これまでの歴史教育は、決定的な欠陥をかかえています。

　それは、(1) 近現代がそれ以前の歴史と異質だという「解放」イメージ（「1862年、奴隷解放宣言」etc.）をうえつけていながら、その断絶についての本質（近現代の特殊性）をきちんとあきらかにしていない。(2)「解放」イメージをうえつけておきながら、それで説明がつかない国際社会の現実とのズレについて責任をおわない（たとえば世界の最先端をはしっているはずのアメリカの、いろいろな矛盾・珍現象などの説明放棄）。(3) 近現代とそれ以前の比較対照による客観視が必要なはずなのに、歴史的事件の羅列が大半で、しかもその記憶にかまけて、近現代とはどんな時空なのかについてイメージが定着するだけの時間をさかずに放置する。などです。

　本節〈まなざし①近現代を特殊な時空としてみる〉は、2章〈わくぐみ①社会変動論〉を経由することで、3章「知の回路」序盤の〈回路①自由と平等をめぐる社会現象〉〈回路②産業社会の動態〉〈回路③優生思想とその周辺〉と直結します。

是非とも、これらをよんだあとで、世界史の参考書の後半をよみかえしてみてください。受験勉強として歴史事項をおぼえ、論述試験などにこたえるためにかんがえる作業とはちがった世界史像がうかぶはずです。

「社会」と「世間」への特殊なまなざし

　ところで、これまでふれないでおいた問題があります。「社会学が対象としている『社会』とは、なにか？」という議論です。「社会学」が「特殊な時空としての近現代」に議論をしぼる社会科学の一部だといわれても、「近現代に限定された『社会』とは、なんなのか」しめしてくれないと、わからない……という疑問は、もっともです。

　たとえば、ある人類学者からは、つぎのような批判があります。

> ……フランスには総人口の約一割のムスリム（イスラーム教徒）が住んでいるが、かれらの多くは数十年フランスで生活しているにもかかわらず、……宗教や生活習慣もマジョリティとは違うし、フランス語を理解しないケースも多い。そのかれらはフランス社会の一員なのだろうか。それとも、出身社会の一員とみなすべきなのだろうか。このように考えていくと、社会をどう定義するかは、社会学が考えているほど自明ではないのである。
> 　　　　　（竹沢尚一郎［2010］『社会とは何か』はじめに、vi-vii）

　さらに「社会という概念があいまいであることは多くの社会学者が認めて」いて、おおくの社会学者がかんがえるような、生命体みたいな自立・自律的組織体ではないとします（同上）。

国家全体はもちろん、会社組織など近代の人間集団それぞれが全部「社会」とはいえないし、地下鉄の通勤・通学時に偶然のりあわせた乗客同士(群集)が社会を形成しているともいえません。とりあえず、①構成員にそれなりの安定性があり、集団に組織性・秩序性がみとめられる。②全員かおみしりでなくても、構成員間で間接的にしろ、やりとりがくりかえされる。といった条件があてはまれば、「社会」とよぼうと。たとえば学校は「社会」ですが外国為替市場は「社会」ではないといったぐあいにです（社会学では経済的な「市場」などを「準社会」とよびます）。

　ちなみに、阿部謹也というヨーロッパ中世史家は、近現代日本を論ずるのに、近代ヨーロッパが自明の前提としてきた「個人」の集合体としての「社会」は不適当な概念で、むしろ前近代からひきつがれていて、現在も潜在的に個々人の言動を強烈に規制している「世間(セケン)」という圧力構造（「まなざし」の集合体）こそ、重要だと提起しました。「社会・学」よりも「世間・学」であると。

　たとえば「世間とは身内以外で、自分が仕事や趣味や出身地や出身校などを通して関わっている、互いに顔見知りの人間関係」で、たとえば領収書とか契約書をかわすようなことがない、私的なやりとりが中心だと。一方、「社会」は、その外部にある公的で、領収書・契約書を省略したりできない世界といったイメージで「世間／社会」が対比されています（阿部謹也 [1999]『「世間」論序説』p.144, p.10）。実際、阿部謹也編著 [2002]『世間学への招待』には、魅力的な論考がならんでいますし、佐藤直樹 [2001]『「世間」の現象学』の各章にも、いろいろ発見があります。

　しかし、阿部さんらがいう「世間」は、社会学はもちろん人類学や経済学などが実際にあつかってきました。たとえば、被差別部落出身者や在日コリアンなど日本列島にくらしてきた少数派は結婚差

別や就職差別などを具体的に経験してきました（差別状況は以前とくらべれば劇的に改善し、露骨な攻撃などは激減しましたが）。そのうち、すくなくとも結婚差別などは、「身内以外で……互いに顔見知りの人間関係」という人脈のなかで発生してきたはずです。そして、これら差別事件や実態構造を社会学者や人類学者たちが、ききとり調査やアンケート調査などで事実を確認してきた蓄積があります。

　また、「地下経済の世界」のばあい、もともと公然とできない事情があって、領収書をかわさないなどコソコソかわされる経済行為の空間ですから、ミクロ的には「世間」の次元でかわされることでしょう（「裏社会」といった表現はありますが、それは部外者による呼称です）。「地下経済」における個々の経済行為は「外国為替市場」などとは別の意味で「社会」の次元ではなく「世間」に属し、たとえば後述する『ヤバい経済学』（レヴィットほか＝望月訳［2007］）は、それらにも言及しています。また、門倉貴史さんのような地下経済の専門家が実在し（たとえば門倉［2005］）、EUの南欧諸国の財政破綻不安の基盤が脱税と地下経済にあること、ドイツや日本などもGDPのなかでしめる地下経済が決してちいさくないことなどが指摘されています。これは個々の「世間」レベルでの地下経済的行為の集積が不可視の「社会」を形成し、実体経済の一部を構成していることを意味しているでしょう。もちろん、社会学は、「地下経済」などにとどまらず、しばしば計量化できないような領域≒通常、経済学がてをださない部分にも関心をむけていきます（具体例は〈まなざし⑩　可能なかぎり、現実を可視化する〉で）。

　このように、社会学は、近現代という特殊な時空における「社会」と「世間」とを意識的に選択して「まなざし」をそそぎつづける「知」といいかえることができます。外国為替市場を「準社会」として「社会」から除外したり、近代以前を対象からはずすなど、一見

1.　社会学のまなざし

奇妙にみえる「社会」観にうつるかもしれませんが、社会学者の目的については〈まなざし⑪社会学の「ねらい」〉、具体的な「素材」と「料理」ぶりは、3章で。ここでは、社会科学の研究者の一部が、近現代という特殊な時空における「社会」と「世間」に、なぜ、着目する必要性を感じたかについて、のべておくにとどめます。

なぜ、近現代における社会・世間は、スポットをあてる価値をもつか？

　すでにのべたとおり、世襲身分原理ではなくなったことで、おきる現象は変容しつづけ、たとえば、一定の目的のために一定の機能をくりかえすようしくまれた組織も、とおからずそれが困難になります。たとえば、自然環境が長期的には変動するので生物はそれに対応しきれないかぎり絶滅するほかない。だから、突然変異などで変質することで新種や少数派がいきのび、とってかわるのでした。近現代のばあいは、個々人や小集団同士が自分たちの活動する社会環境を変容させてしまう（自覚的にかどうかはともかく）。たとえば、世界中から王国はどんどん減少していき、選挙によって代表をえらんだり、試験制度で役人をえらぶようになってきました。どの程度意識的・主体的に選択したのかはともかく、ただただ世襲身分原理にしたがっていたひとびとは、地球上からどんどん減少中だし、固定的な社会空間はせまくなっていきます。〈おきて〉などによって構成メンバーの行動をしばり、身分を世襲しようとおもっても、「競争」とか「平等」といった理念を無視して周囲の同意をえることは不可能になってきたわけです。これら「民主化」という動向自体が、個々人・小集団が自分たちの活動する社会環境をかえてしまったいい例です。

　一方で、〈おきて〉のかわりに法律で行為を規制しようとしても、「地下経済」や犯罪や不道徳の存在を消失させることはできま

せん。その集積は政府関係者などのおもわくをこえることはもちろん、個々の行為者の主観的意図とは別個に機能し、しばしば正反対の結果が発生する（経済学では「合成の誤謬(ゴビュー)」とよんでいます）。たとえば、倒産しないために消費者の歓心をかおうと「価格破壊」をおこなうためには、労働者を解雇したり賃金カットにかたむきがちだけど、それが集積されれば失業者や貧困層がふえて、ますます企業同士が過当競争というかたちで、くびをしめあうことになる。「節税」など脱法行為はもちろん、「企業秘密」をかくれみのに、労働者の人権をふみにじる「ブラック企業」なども例外的少数ではありません。これらは経済学者たちが分析ずみですが、社会学者は、経済学者や法学者などがあつかわない社会現象（「キリスト教ブランドとその含意」etc.）もできるかぎり広範にあつかおうとします。

それは、次節〈まなざし②「自由は不自由」〉、次々節〈まなざし③かわらない社会がなぜかわる〉などをふくめ、逆説的な現象がめじろおしで不思議な現実にことかかないからであると同時に、世襲身分原理でうごく時空での秩序とはあきらかに異質なメカニズムが機能しているらしいことが、観察できるからです（文化人類学者など一部を例外として、大半の社会科学者は近現代を人類史の必然的な到達点みたいな世界史イメージを共有し、本質的な再検討の必要性を感じないらしいのですが）。近代以前という時空での「社会／世間」とは変質＝断絶した近現代の「社会／世間」の構造をみきわめ、そこにいきる個々人や構成員たちが、社会現象によみこんでいる意味（無意識な解釈もふくめて）を整合的に解釈・整理したいと、スポットをあてるのです。

ちなみに、一般にイメージされる「社会」は、すでにふれた「世間」と大差ないかもしれませんし、近代以前から継承されてきた「よのなか」を事実上さしているかもしれません。そして、たとえば

実社会 (企業活動や市民運動など) で活躍したり、ジャーナリズムや作家活動による取材などをとおして、「よのなか」の深層部分 (真相) をつかんでいる方々は相当数にのぼるでしょう。弁護士さんたち実務上の専門家はもちろん、福祉関係の部署にたずさわる自治体職員さんたちなどの経験などは、ときどき紙面・誌面をにぎわすことはあっても、事情通しか精通しない「ウラ事情」などかもしれません。では、社会学周辺が提供する「社会」像とは、こういった深層／真相と、どの程度ちがうのでしょうか？ もし大差ないなら、たとえば藤原和博(フジハラ・カズヒロ)さんらの「よのなか」シリーズなどの中学生むけ解説書で充分ではないかといわれそうです (藤原和博 [2005][2])。

ある意味、こういった見解はあたっています。たとえば、後述する社会学の古典的入門書で「社会学者も一種のスパイといってよい」とのべているぐらいです (〈まなざし⑪社会学の「ねらい」〉)。しかし、〈まなざし②〉以降の姿勢とか、3章で紹介する10の〈回路〉は、新聞の各種報道や解説記事、テレビのニュース解説などとは、印象がかなりちがうはずです。それは〈まなざし④「常識」をうたがう〉や〈まなざし⑤人間行動をとりまく社会の産物とみなす〉、〈まなざし⑥くりかえされる現象を善悪等の判断をひかえて直視する〉などの基本姿勢が、基本的に世間的な感覚からすると「非常識」である点などに原因があるはずです。くりかえしになりますが、周辺の社会科学関係者が自明視してわざわざ再検討したりしない、世襲身分原理でうごく時空での秩序とはあきらかに異質なメカニズムにスポットをあてたがる感覚も、かなり特殊な性格でしょう。

2　実は、紹介した解説書の序章・終章は、著名な社会学者による文章ですが、ほかの章は社会学の応用としての「よのなか」像ではありません。もともと社会学の入門書ではないので当然ですが。

まなざし②「自由は不自由」

なにがおきても不思議でないはずなのに

　近現代という時空が、タテマエにしろ、「自由主義」であるなら、物理的に不可能なこと、法的に禁止されていること、そういった「できないこと」以外は、なんだってありそうです。極端なケースであれ、実際、王族や政府首脳を標的にするといったテロリズムだって、ごくマレにですが発生してきました[3]。極論すれば、死刑覚悟なら、人知・人力のおよぶかぎり、何だってできてしまうわけです。しかも、死刑制度は自爆テロ実行者をとめられません。

　もちろん、近代以前でも、主君を殺害するなどをふくめて、「下克上」は少数ありました。しかし、現代人が「神聖さ」「高貴さ」など身分差を感じている心理とは異次元の、想像を絶する巨大な距離を実感していたのが、身分社会の住民でした。かれらが、現代社会にタイムトリップしてきたら、匿名掲示板の「不敬」[4]ぶりはもちろん、女性週刊誌の皇室ネタの論調にさえ仰天することでしょう。

　しかし、よくかんがえると、実に奇妙な事実に気がつきます。個々人が自由勝手にわがままをとおすのなら、物理的に不可能なこと、競争原理上かてないなど事実上困難なこと以外、なにがおきて

3　第一次世界大戦のくちびをきったサラエボ事件（1914年）や、昭和天皇が皇太子時代に狙撃された虎ノ門事件（1923年）、ケネディ大統領暗殺事件（1963年）、ブットー首相暗殺事件（2007年、パキスタン）など。

4　君主・王族の名誉をきずつけるような言動。日本では食糧メーデー（「飯米獲得人民大会」1946年5月19日）の際、松島松太郎が掲げた「ヒロヒト詔書　曰ク　国体はゴジされたぞ　朕はタラフク食ってるぞ　ナンジ人民　飢えて死ね　ギョメイギョジ　日本共産党田中精機細胞」のプラカードが不敬罪に問われたのが最後のケースです。

1. 社会学のまなざし

も不思議はないでしょう。つまり、周囲でなにがおきるか、わかったものではない……という、恐怖と不安の日々がつづくはずなのに、実はそうではありません。

すくなくとも現代日本のおおくの時空では「安全安心な日常」がくりかえされています。なにも、監視カメラや警備員・警察官による 24 時間体制といったかたちで治安が維持されているわけではありません。たとえば、警備会社による監視システムを導入している私邸は、一部にすぎないでしょう。監視カメラなしでも、おおくの運転者は信号無視などせず無人の交差点でも信号まちをくりかえすし（他国はともかく）、「よわそうな人物とみれば強盗がおそいかかる」なんてこわい状況はマレでしょう。「女性が深夜ひとりあるきできるのは、日本ぐらいだ」などといわれますが、日本列島以外でも、他人の行動が全然予測不能な恐怖と不安の日々がつづくような空間は、世界中そんなにないはずです（もちろん、イスラエル軍による空爆におびえるパレスチナ住民とか、イラク戦争後の爆弾テロ・「誤爆」の続発など、不安な日常をおくるひとびとも、世界中にはたくさんいますが、それは国家とかテロリストなど、組織的暴力というリスク／不安であって、全然予測不能な現実ではありません）。

つまり、気体の分子運動がランダムなのと同様に、人間行動も予測不能にみえるのですが、実際には、特定の文脈で、ある属性の人物は、大体想定内の言動をくりかえすのです。むしろ、わたしたちは、かなりの程度「おもいこみ」をもっていて、ときに予想をはずされて、びっくりさせられます。

ことは、犯罪リスクとか体感治安[5]といった刑事的領域にとどま

5 　体感治安とは、統計上の客観的な治安水準ではなく、地域住民や利用者の主観的治安イメージのこと。実態と体感治安のズレについては、

りません。たとえば、「最近の子は、電車内でメイクする（お化粧なおしでなく）」といって、なげかれるのは、「お化粧は外出まえに自宅ですませ、補正は化粧室のかがみのまえでするもの」といった「常識」がひろく共有されていると信じられてきたからでしょう。このように、時代や属性によって規範意識にズレはあり、しばしばカルチャー・ショックを発生させますが、カルチャー・ショックの発生自体、実は、「（自分のまわりはどこだって）常識が共有化されているはずだ」という意識の実態をものがたるものです。

　ひとびとは原理的に自由なはずなのに、わたしたちは自分の信じる常識的イメージが当然とおるものだとかんがえ、実際それほどうらぎられずに想定内の現実を経験しているのが、普通の日常です。「はずかしい」とか「ヘンだ」とか、周囲の「まなざし」を気にしながら、あるいは自分が当然視する美意識にしたがって、わたしたちのおおくはひとびとの想定内の範囲でしか「自由」を行使しません。

　たとえば冠婚葬祭に日常着でいくことは普通ありませんし、「平服でおこしください」という招待状があったところで、Ｔシャツ＋ジーンズで列席したりはしません。男性がスカート着用で通勤することも普通なさそうです。しかし、これら服装は、法律で禁止されているわけではなく（たとえば、裸体でなどないし）、物理的にも経済的にも可能なはずです。周囲がどうみようが、この自由社会で、物理的／法的／経済的に不可能でない選択肢を、なぜか「ありえない」こととして封印するのですから、よくかんがえると、おかしなはなしです。このように、わたしたちの風体や言動は、世襲身分社

長谷川寿一・長谷川眞理子［2000］、河合幹雄［2004］、宮崎学・大谷昭宏［2004］、久保大［2006］、浜井浩一［2006］、浜井浩一・芹沢一也［2006］など参照。

1. 社会学のまなざし

会とちがった自己責任の時代にもかかわらず、かなり規制がくわえられており、事実、自分たち自身「TPOや属性に即した適切さ」にしばられていることにきづきます。

「男物／女物」

あるいは、宝塚歌劇団や女子レスリング選手などをみるかぎり、男装の麗人がスーツや作業服にみをかためて活躍していいはずですが（男性の「女装」とくらべれば、ずっと違和感がなさそうです）、これもほとんどみかけない。おおきさはもちろん、デザインやいろあいや素材に男女差がはっきりもちこまれ、成人男女共用の服飾文化はごくわずか。おなじことは年代差にもあります。ミニスカートは、わかい女性がはくものだとか、あまりみじかいものは女児でないかぎり性的挑発行為とみなされるかも（みじかすぎるかどうかの感覚には個人差がおおきいですが）とか、スポーツやリゾート空間などを例外として、プライベート空間／男児以外の半ズボンは不適当だとか。

ことは、服飾だけにとどまりません。「男物／女物」のバッグ／時計など、携行するものの大半は男女別になっています。むしろ、身体に接触させるもので、男女差がないものの方が例外かもしれません。女性むけに商品開発された自転車（ママチャリ）とか軽自動車さえあります。しかし、そういった男女差は、身体的特徴（体格や筋力など）からみても、とても「自然な区別」とはいえません。

あるいは、男性が日傘をさすのは、どんなに日射がきつい日であろうが、いまだにかなり気がひける。むかしのヨーロッパの男性貴族は、おつきのものに日傘をささせていたのに。これら男女差現象が、なにか物理的・生理学的な必然性がもたらしたものでないことはあきらかでしょう。実用性を軽視したブレスレット風のリストウォッチと紳士用とで、両者の形状・規格の差異が男女の体格差で

は説明できない現実や、過去の実態[6]は、①製品は実用性からだけでは仕様が決定されない。そして②身体的特性と異次元で女性性／男性性が強調されがちである。という事実をうらがきするものです。男女が異質であるという「社会的合意」「常識」のもとに、美意識上、分化がすすめられるわけです。

「分化」の常識

そして、これら社会的属性に即した「分化」は、性別文化といったものだけではありません。年代差とか、階級差とか、さまざまな社会的属性に即した「分化」を常識化させています。たとえば、成人女性がもちあるくものとされているブランドバッグを、男性はもちろん、10代以下の少女がもっても不にあいとか、学生や労働者男性が高級欧州車の運転席からおりてきたら、みんなが不思議がるなど。それら違和感をささえる「常識」は、経済学的な直感として妥当な面があったりします。けれども物理的・生理的な条件等で区分されるようなものではないのが実情なのは、さきほどの女物／男物の差別化と同質です。たとえば「大は小をかねる」という構造からすれば、富裕層は「安物買い」もできるはずです。しかし、アウディからおりたった高級スーツご着用のマダムが、たとえば「300円のビニールがさ」とか駄菓子の「うまい棒」をてにしていたら、「ギャラリー」のおおくが違和感をいだく。アウディの運転席から建設作業

---

[6] 1940-50年代には軍用リストウォッチでさえも現在の女性用の主流より小型だったようです。キンツレ（Kienzle）製は30mm、1950年代のタイメックス（Timex）製はケース径32ミリという指摘があります（『Business Media 誠』2010年09月30日「菅野たけしのウォッチ Watch：百花繚乱の時計サイズ、日本人の腕に似合うのは？」http://bizmakoto.jp/makoto/articles/1009/30/news004.html）

1. 社会学のまなざし

員らしいオジサンがおりたつとか、マダムがデリバリーカーやママチャリから下車（これは、経済的にたしかに不自然）よりは、違和感がちいさいとしてもです。

　こういった「分化」は、わたしたちに暗黙のうちに「常識」としてイメージする「自然」さ（一貫性）を共有化させています。たとえば、つぎのような人物の属性をイメージしてみてください。「ひとりぐらし／年収100万円／新宗教[7]の信者／……」。こういった情報と、たとえば「20代女性」という属性を提示するなら、「なるほど」というひとがおおいはずです（高校生にはむずかしいかな）。しかし、「50代男性」となったら、「アレ」と違和感がわきあがるのでないでしょうか？　小説やドラマはもちろん、報道のなかででてきても、「なにか複雑な事情」を感じとることでしょう。実際、「20代女性」を1000人あつめたら、そのうち数人ぐらいいても不思議ではないけど、「50代男性」のばあい1人いるかどうか？　いいかえれば、「50代男性／ひとりぐらし／年収100万円／……」という、とりあわせ自体が、なにか不自然で異様な印象をあたえる。冷静にかんがえれば、「50代男性」であれ「20代女性」であれ、単身者はごくあたりまえにみえます。しかし、「20代女性」のばあい「年収100万円」という条件は不自然にみえなくても、「50代男性」なら「年収

7　「新宗教」とは、近現代に成立した比較的あたらしい宗教団体。日本列島でいえば、天理教・生長の家・PL教団・創価学会など。
　なお着想のヒントは、リアリズム小説の登場人物の「履歴書」として、「日本人、女性、二十八歳、容姿普通、会社事務、平社員、月収十五万円、独身、新興宗教信者と決めることは容易」なのに、男とか四十五歳では「読者が違和を感じとり、この人物を平凡とは見なさず、なにかの説明を作者に求めることになるだろう」（p.10）との塩見鮮一郎［1982］の指摘からえました。

100万円」という条件はかなり不自然に感じる。「失業して、派遣とかアルバイトなのかな……」とか。「20代女性」のばあいは、「派遣とかアルバイトで年収100万円」という条件を不自然に感じないのです。

　こういった、わたしたちの「自然／不自然」といった直感は、単なる偏見とはいえません。実際、さきにあげた「高級スーツご着用のマダム」と「アウディ」は「自然」でも、「ビニールがさ」や駄菓子がそぐわないように、「ひとりぐらし／年収100万円」と「20代女性」とが「自然」に感じられるのに対して、「50代男性」とは不自然に感じるのは、経済階層論（所得／財産上の社会的分布）的に妥当な推論だともいえるでしょう。

少数派へのめくばり

　このように、「社会学のまなざし」は、「常識」等を断罪したりするものではありません。かりに「常識」イメージに差別・偏見・誤謬があるにしろ、そういった「常識」が支配的であるなら、それ自体が現代社会の「現実」なのだと、直視します（のちほど〈まなざし⑧「理念型」と「本質主義」〉で、「本質主義」として検討します）。

　ただ、たとえば性（別）意識でいえば、同性愛者はもちろん、性同一性障害や半陰陽[8]など性差自体が微妙な層、いわゆる「異性装」などの愛好者ほか、「常識的」でない部分にも、かならず「まなざし」を投じます（性の多様性を多面的に解説したものとして、橋本秀雄ほか編［2003］）。いいかえれば、世間一般が「あたりまえ」とみなす規範意識の構造を一方でとらえつつ、そこからはみでる少数派の動

8　身体を男性ないし女性として単純に分類できない状態のこと。インターセックスともいう。

1．社会学のまなざし

態にもかならずめくばりをします。支配的な「常識」が社会のおおかたをおおっているにしても、それが100％には絶対にならないし、大多数の動向とは異質な少数派やレアケースを無視していい例外とはかたづけられないことがおおいからです（〈まなざし④「常識」をうたがう〉、〈まなざし⑧「理念型」と「本質主義」〉参照）。

ちなみに、障害者からみた「ふつう」「常識」をとらえかえした解説書として、倉本智明［2012］『だれか、ふつうを教えてくれ！』などをどうぞお読み下さい。

いずれにせよ、近現代社会は、つねに流動するがゆえに多様性が維持されます（近代以前の世襲身分社会とは異質な自由社会だから）。常識に大多数は支配されますが、たえまなく誕生する小集団ごとの「ちいさな常識」空間自体が多様なかたちで複数共存していますし、常識をのりこえようとする個人・小集団がぞくぞく出現します。しかし、逆説的なことに、各人の想定を極端にこえる現実にでくわさないのは、市場原理ほか、さまざまな規制力＝「みえない力学」が秩序を形成するからです。社会学者による作品名が『自由という服従』であるのは象徴的でしょう（数土直紀［2005］）。

さて、「自由は不自由」という逆説を解析してきましたが、のちの〈まなざし⑤人間行動をとりまく社会の産物とみなす〉とあわせて、2章の〈わくぐみ②役割論／ライフコース論〉〈わくぐみ③社会学的身体論〉を経由したうえで、3章「知の回路」の後半をおよみください。

みなさんのおおくが、なんとなく、うまく説明できない「いきぐるしさ」を感じているとおり、原理的に自由なはずの現代人は、独裁体制のもとにいきていないのに、不自由なのです。いろいろな意味で。そして、いいわるいは別にして、「オトナになる」とは、そういった不自由とおりあいをつけて、いきぬいていくことと、いいか

えることができるかもしれません。ある評論家が「成人式が毎年あれるのは当然」と評したように、みなさんの年代は、「モラトリアム」をおえて、未成年とは別種の不自由な空間（いきぐるしさ）へと編入されていくのだということです。

まなざし③かわらない社会がなぜかわる

微視的変動がつみかさなると……

　これまでのべたことは、実は、相互に矛盾しあいます。〈まなざし②〉でのべた世界像は、「文脈と属性があたえられれば、微視的局面が予想できる」という静態的なものです。一方、〈まなざし①〉でのべた世界像は、グローバリゼーションなど動的なものです。

　つまり、微視的な局面では、日々ほとんどかわらない現象が反復されているようにみえるのに、10年、20年たってみると、社会がさまがわりしてしまっている。たとえば、流行語の盛衰や定着などが経験されていく数十年のあいだに、おなじ言語のはずが、かなりあたえる印象がちがう（20年ぶりぐらいに帰国すると、しばらくは会話がききとれないなど）。まるで、「みちなり」にすすんでいたはずなのに、到着さきが予想外の光景となってあらわれるのとにています。それは経験・記憶が連続しつつ個人が確実に加齢していくのと同形と。

　「社会学のまなざし」は、みんながしがみつきつづける性（別）意識とか、年齢秩序であるとか、さまざまな保守性の構造＝静態的現象をふまえつつも、そこにおさまらない少数派の動向とか、巨視的に巨大な変容をひきおこそうとしているらしい動態をさがしだそうとします（稲葉振一郎［2009］、金子勇ほか［2008］など）。

　たとえばインドのカースト制度や、北米での奴隷制、日本におけ

る女性差別などが法的に否定された。しかし差別実態は社会から根絶されず、かなりの程度、居住区や婚姻などにおいて、「すみわけ」がくりかえされているとか、女性の平均所得や職位があがらないとか、「社会学のまなざし」は、ひとびとのガンコさに着目します。と同時に、インドや北米や日本列島が、徐々に、ときにものすごいいきおいで変化をとげるだろうことを、予期しています。それは、なにも矛盾したことではありません。近現代という時空の普遍的特徴なのです。結婚あいてをふくめて、おやのいいなりになっている男女がまだまだたくさんいるとか、組織運営が事実上世襲されているとか、およそ近現代とはおもえない空間が、地球上、いや日本列島上にさえ、まだら状に実在します（何十億人とかいった規模で）。経済格差や自由・人権の程度など、世界をみわたせば、クラクラしそうな格差と多様性がのこされています。しかし、微視的な変動はつみかさなることで、おおきな変容をもたらします。

　びっくりするでしょうが、つい 1980 年代前半までは、「女子はクリスマスケーキ（24 歳までが結婚市場でリミットで、25 歳ですでに「うれのこり」）」といった、超差別的な「適齢期」意識が、日本列島には実在しました。しかし近年では、女性が 30 歳すぎまでフルタイム労働者でありつづけるのは、ごくあたりまえです。大都市圏を中心に「結婚しなければ」と、力まない女性たち、「結婚してはじめて一人前」といった周囲の視線をうっとうしく感じる男性たちが急増中（酒井順子［2006］）。よくもわるくも、晩婚化・非婚化・少子化は今後もすすむでしょう。

　以前は「自分が家計を充分まかなうから、そとではたらいてほしくない」といった男性が多数いました。近年は「女性も経済的自立をしていて、ともかせぎがいい」という男性が急増しています。これは、戦後の日本国憲法（1947 年）の男女平等の理念が、40 年おく

れぐらいで実質化し、現在も進行中だという解釈ができます。女性が育児と両立できずに離職したばあい、つぎに収入をえる機会は事実上パート労働だけとか、母子家庭は典型的な貧困層を形成しているとか、そういった女性差別的な空間は「現在進行形」です。しかし、性風俗やセクハラをふくめて、ミソジニー（女性嫌悪・蔑視）的な男性中心社会がおわりをつげそうになくても（わかい女性が保守化しているといわれていますが）、女性は確実に変化をとげているし、男性も以前とはちがった意識へとおいたてられています。近年、逆差別論とか、男性嫌悪・蔑視（ミサンドリー）が意識化されたのも、男女の関係性が変動しているからでしょう。もちろん日本にかぎらず、ベールをかぶったイスラム圏の女性たちも、これまでどおり自動車運転を禁止されたままでは、とどまっていないはずです。

変動のきざしをかぎわける

　男女格差にかぎらず、「社会学のまなざし」は、さまざまな変動のきざしをかぎわけ、うねりのゆくすえが、どういった方向へとむかおうとするのか、想像しようとしつづけることでしょう。流体力学・量子力学的な手法までも動員する経済物理学によって市場動向がどの程度予測可能になるのかは、わかりませんが、すくなくとも、気象予報が長期的にはほとんど実用性がないのと同様、近現代空間がどういった方向に変容をとげていくのか、正確な「予測」をすることは不可能です。

　過去には、アメリカなどを中心に、近代化が一方方向に世界各地の社会を「発展」させ、北米の近未来形に世界中が収斂（シューレン）されるような世界史像さえありました。「未来学」といった思潮もあります。しかし、すくなくとも、社会学周辺では、そうした未来予想には悲観的です。北米のような、過去の歴史にしばられづらい実験的空間で

さえも、充分歴史的であり、偶然に誕生した地域性をまぬがれていないこと、技術革新などが社会を均質化するようには、到底おもえないからです。「北米の近未来形に世界中が収斂されるような世界史像」がただしいというなら、ローカルスポーツの野球が世界のファン人口でクリケットに圧倒されている現実(回路⑧p.144脚注62参照)や、北米にキリスト教原理主義のような復古的な集団がのこりつづけている状況と矛盾します。経済学が暗黙の前提にしている工学的な社会現象観（市場メカニズムの根幹は自然同様不変なはず、という想定など）は、近現代にはあてはまらない。社会学がとりくむのは、社会の編成メカニズム自体が本質的に変動しているかもしれないといった次元だからです（稲葉振一郎［2009］pp.215-29）。

　しかし、社会学周辺は、経済学者や金融工学者などとはことなった次元で、社会からの要請にしたがって、禁欲的に近未来予想をつづけるでしょう。移民を大量にうけいれた経済先進地域がどういった問題をかかえていくだろうか、男女の結婚市場や家族関係はどう変貌するだろうか、同性愛婚や事実婚や里子制度はどうなっていくだろうか、などと。

まなざし④「常識」をうたがう

「常識」は真理か

　「科学というものは、そもそも日常感覚にまどろんだ常識をうたがってかかるもんじゃないか？」「『おもい物体はかるい物体よりはやくおちる』とか、ふだん疑問をもたれないイメージが実はまちがっている。おちる速度が物体のおもさでちがうようにみえるのは、空気抵抗（浮力）のせいでうまれた誤解／先入観だ」といった、科

学観は、それこそ「常識」かもしれません。

つぎのような「常識なんて、みせかけじゃないか」もだせます。

- 「必要は発明の母」←「実は『発明こそ、必要の母』。『必要』という心理は『発明』がうみだすものだ」
- 「家族の最重要機能は育児」←「実は、オトコたちがオンナ／コドモ／としより、ほか社会に対して無責任にならないよう規制すること」
- 「スポーツは健康によい」←「おおくのスポーツはハイリスク行為。スポーツ振興が万人の健康増進・長命化をすすめた証拠はない」
- 「みるスポーツは人間の動物的本能の充足」←「みるスポーツの大衆化は20世紀以降。その最重要機能は資本主義的競争の正当化。第二は、男性戦士たちによる暴力性の代償行為」
- 「日本語をかきあらわすのに、漢字は不可欠」←「わかちがきすれば、英語同様、かながきでもローマ字がきでもよみかきできる」

これらのツッコミはすべて「仮説」としてたてることが可能です（一部は研究者が根拠をあげています）。いずれにせよ、よのなかの「常識」は、よのなかの実態を全然説明できないことが、実際おおいのです。つぎのような疑念は、いかがでしょう？

- インフルエンザはもちろん、カゼの大半は、ウィルスが原因なのに、きかない抗生物質があたりまえのように投与さ

れるのはなぜか?[9]
- 地震を数時間〜数日程度の範囲で地域と規模を特定／予想することは、実現しそうにないのに、巨大な組織・予算が維持されてきたのは、なぜか?[10]
- 伝統的漁法・食文化と信じられている捕鯨・鯨食だが、全然「伝統」でないし、感情的な反捕鯨論にむきになって反論をくりかえすのは、なぜか?[11]

---

[9] インフルエンザ周辺の「常識」の奇妙さには、つぎのようなものもあります。
- インフルエンザウィルスは、タイプが無数にあるばかりでなく、突然変異もするし、流行するタイプの完全予想など、原理的にできないし、(製造に半年もかかるから)大流行までにまにあわないはずなのに、ワクチンが大量に生産されるのは、なぜか? インフルエンザの特効薬とされたタミフルは、発症後の発熱時間を短縮できるだけなのに、日本が大半をかいしめるといった行動にでたのは、なぜか?
- インフルエンザ対策としてマスクが大量に売買されたが、医療用の特殊なマスクは着用訓練をうけなければききめがない以上、「一般人の着用は他人にうつさない」という効果しかないはずなのに、「うつされたくない層」が大量着用したのは、なぜか?

[10] 大地震警報を実際に発令するとなると、進路予想が事前にかなり可能な暴風警報などと対照的に「ハズレ」がなくせそうになく、しかも、巨大なブーイングがさけられそうにありません。日本政府は年間数百億円規模で「地震予知」の「精度」向上につとめてきましたが、一度も予知に成功したことがありません。

[11] 典型例は、昔から捕鯨で全国的にしられたまちであり、日本の古式捕鯨発祥の地といわれている和歌山県太地町(タイジチョー)でしょう。しかし、1878年に100名以上の死者をだした「大背美流れ」という大惨事により伝統的な捕鯨組織が崩壊してしまったことは、みすごされています。太地町が捕鯨の拠点となるのは、25年ほどへた日露戦争後ですし、近代的な大資本による捕鯨基地としての再出発でした。まして、世界的に注目をあつめた「イルカ追い込み漁」などは、1970年代初頭、くじらの博物館用にイルカや

こうした実例をみてみると、「常識とは、実は大半が錯覚や集団催眠のたぐいじゃないか？」という気さえしてきます。いや、『パラドックスの社会学』（森下ほか [1998]）、『逆説思考　自分の「頭」をどう疑うか』（森下 [2006]）といった、「ひねくれた」ことをかく社会学者が実在するように、「常識は、とりあえずうたがってみる」、必要があるかもしれません。実際、「大衆をだましておいた方が、なにかとつごうがいい」といった発想が、政官財にはびこっていたこと、「安全神話」が実はデマだったことが、原発震災で、みごとにあばかれてしまいました。名門大学の「権威」が、「御用学者」として過去の発言をせめられているのは、無残というほかありません。しかし、まるめこまれてきたオトナたちだって、「うまくだましてね」と「安全神話」にまどろんできたわけです。

「正常」「異常」の境界線

　そもそも「正常」「異常」の区別は想像以上に困難です。たとえば、ニキビの原因のようないわれかたをしていた、ニキビダニ（俗に「顔ダニ」）が、ほとんどのひとに寄生していること、むしろニキビを防止してくれている益虫の可能性もあるなど（mpedia「ニキビダニ」参照）をかんがえあわせると、寄生されていないひとを「正常」と位置づけて本当にいいのか、微妙でしょう。

　また、テストなどの得点分布が左右対称の「つりがね状」の分布（正規分布）になっているばあい、偏差値50が「平均点」となりますが、偏差値70や30は特殊で、80や20は異常でしょうか？　かぎりなく0％にちかい少数派とはいえ、偏差値100超とか0未満だっ

　　　鯨をいけどりするために、他地域からまなんだ漁法だというのが実態のようです。

てありえます。

　そもそも、境界線をひけるかどうか微妙なのです。たとえば、太陽光線を三角プリズムで分光すると、アカからムラサキまでグラデーションになります。その際、アカ／オレンジ／キイロや、ミドリ／アオミドリ／アオ／ムラサキといったグラデーションに、きっちり境界線をひけないように、ミドリのなかに暖色系と寒色系の境界線をさがしてもムダです。おなじことは、ヒトの多様性を分類するときにも発生するはずです。しかも、ヒトの多様性のばあい、テストの点数とか可視光線のように、量的な大小として一元的に比較できるかどうかさえ微妙です。いや、むしろヒトの多様性は多次元なのが普通なはず。ヒトを身長体重など量的な指標で比較しただけでは、労働者・兵士としての能力検査にさえ不適当でしょう。

社会学は「非常識」

　ところで「常識」をうたがうといえば、スティーヴン・D・レヴィットという経済学者による『ヤバい経済学——悪ガキ教授が世の裏側を探検する』という本がアメリカを中心に相当うれたようです（世界で400万部以上うれたとか）。しかし、正直、社会学業界にとっては、どこが「ヤバい」のか全然わかりません。

　"Freakonomics: a rogue economist explores the hidden side of everything" という原題からみて、この経済学者が一匹オオカミ的な異端児らしいことは想像できますが、どの程度での意味なのか、経済学のしろうとにはわかりかねます。

　7勝7敗で最終日をむかえた力士の勝率が異様にたかいという統計をどう解釈するかとか、北米で毎年つけられる新生児名には、家庭環境がものすごく影響しているらしいとか、犯罪発生率の劇的低下が警察によるとりしまり強化によるよりも、人工妊娠中絶による

不本意な出産回避によるものらしいとか、違法薬物の売人組織は巨大企業と同様のピラミッド構造（官僚制組織）をなしているとか、売人の末端の青年は、映画の登場人物たちとはちがって、ママと同居しているとか、品行方正なみなさんが、まゆをひそめるか、いぶかしがるような話題が満載されています。

しかし、すくなくとも、これらが本当に経済学といえるかどうかという点についてレヴィットさんの言。「学会で『これはむしろ社会学だ』という意見がでるたび、社会学者の人たちが引きつった顔で首を振るのが見える」という一節は、かんちがいの可能性が大です（「訳者のあとがき」『ヤバい経済学』のなにがどうヤバいのか」）。すくなくとも日本の社会学者に『ヤバい経済学』でとりあげられたネタをはなしても、「まあ、そうでしょうね」でおしまいでしょう。「社会学者の人たちが引きつった顔で首を振るのが見える」という想像は日本にあてはまりません。

いずれにせよ、経済学界では異端児的手法であろうと、社会学業界では、ほぼ「想定内」なのが現実という、社会学の非「常識」ぶりにふれるためにも、『ヤバい経済学』とパオロ・マッツリーノ［2004］『反社会学講座』、そしてR・コリンズ＝井上・磯部訳［1992］『脱常識の社会学』などをあわせておよみください。

以上、〈「常識」をうたがう〉という「まなざし」を紹介しましたが、これは、社会学の入門書のたぐいでは、ほとんど定番になっているものです。のちほどのべる、〈まなざし⑥くりかえされる現象を善悪等の判断をひかえて直視する〉と一部かさなりますが、われわれはなかなか常識から自由になれません。感情がからまる善悪・好悪などの判断もです。「直感」は、かなりの程度ただしいことがしられていますが、ひとびとの「常識」がかなりの程度まちがっていることを科学が立証してきたことは、すでにのべたとおり。こういっ

1. 社会学のまなざし

た観点から、特に3章の〈回路⑧パフォーマンス(スポーツ／ダンス／ショー)の政治経済学〉、そして〈回路:番外編　ジダンの頭突き問題〉をよんでもらえると、うれしいかぎりです。スポーツをふくめたパフォーマンス文化をいかに「常識」にとらわれてうけとめてきたか、びっくりする読者もおおいかとおもいます。また、〈まなざし⑧「理念型」と「本質主義」〉も、「常識」イメージとせなかあわせなので、そこをよんだあと本節にもどることもおすすめ。

まなざし⑤ 人間行動をとりまく社会の産物とみなす

本能だけでは説明できない

　すでに紹介した〈まなざし②自由は不自由〉とカブりますが、社会学では人間行動を動物とは異質な原理でできているとみなします。それは、「ほかの動物とは異質な、よくもわるくも特別かしこい存在だから」といった人間観からでは、ありません。

　ヒトの行動がほかの動物ともっとも異質なのは、本能にまかせて自然や周囲の人間に適応することができない「欠陥」をかかえている点です(ゲーレン[1970])。行動原理のほとんどは、コンピューターがソフトをインストールされるように、文化的に「かきこみ」されて作動するものといえます(ましこ[2010] 3章)。よく、動物行動学者を称するひとびとが、男女の恋愛現象や結婚戦略などを、生物学的に説明しようとしますが、社会学者の大半は、懐疑的です。とりわけ、男女を動物同様、繁殖戦略からだけ説明するような方針には、疑似科学的であるといった疑念をしめすでしょう。実際動物行動学的解釈では到底説明困難な現象があるからです。

　また、摂食・睡眠行動も文化的に「かきこみ」されて作動する現

象です。生理学的に「食べられる物」のなかで、ある時間・空間で実際に「食べ物」とされるものが、ごくかぎられていたり（西江雅之［2005］）、睡眠時間や寝室のありよう（寝具、同室者、……）の多様性も、それは本能の産物ではないと同時に、偶然や個人的趣味だけで説明がつくものではない文化的産物でしょう。そして、摂食障害や睡眠障害が例外的少数ではなく、ごく普通に発生する現象であることも、皮肉な意味で文化的産物であることをうらがきしています。

　たとえば、20歳を中心に男性が「普遍的」に高率で殺人者をうみだすことは刑事統計からしられていましたが（あくまで、ごく少数の殺人者の次元だし、女性やほかの年代との比較ですが）、高度経済成長期以降の日本社会は、例外でした。20歳前後の男性が「普遍的」に高率で殺人者をうみだす傾向は、進化心理学者などから、生殖年齢といった観点による説明がされてきました。オスがメスの争奪戦をくりひろげるライバル同士の延長線上に、わかものによる殺人も解釈されてきたわけです。しかし、動物行動学者夫妻の研究、長谷川寿一・長谷川眞理子［2000］「戦後日本の殺人の動向」によれば、20歳前後の男性の殺人率は、100万人あたり230人前後だったピークの1955年ののち急減し、四半世紀後の1980年には他の年齢層と大差がなくなりました。90年代には40代、50代男性に逆転されるまでになったそうです。では、高度経済成長後の日本列島は、男性性が弱体化した異常事態でしょうか？　結局動物行動学者ご夫妻は、自然科学的な説明を事実上放棄して、経済学的・社会学的説明に還元した仮説をたてています。

　そもそも、ヒトの行動原理が遺伝子情報が指令するとおりで、それを規制しているのが捕食者・被捕食者関係や自然環境の動向、同種のライバルとの競争や異性とのペアリング・ゲームなどのあや

だけなら、これほど時空ごとに多様性があるのは、説明できません。氷河期や間氷期など長期的な気候変動や、同時代での低緯度地域（赤道付近）から高緯度地域（北極圏／南極圏周辺）までの寒暖／乾湿だけで、各地の「歴史文化」「国民性」「民族性」などが全部説明つくでしょうか？

　たとえば、人口100人あたりの銃所持率が、アメリカ／カナダが、約3：1（88.8：30.8）、人口10万人あたりの殺人率が、約9：1（7.07：0.76）といった格差があること（Wikipedia "List of countries by gun ownership", Wikipedia "List of countries by firearm-related death rate"）を、両国の緯度・寒暖や、フランス系住民の比率だけで説明するのは、あきらかにヘンでしょう。まして、両国の銃所持状況や殺人傾向の差を、繁殖戦略の遺伝子的差異のような解釈ですませられるとは到底おもえません。

特定の言語をはなすようにはプログラミングされていない。生殖も文化

　そもそも、アフリカ中部から現世人類の祖先が世界中にちらばっていく長大な移住をはじめたというのに、世界各地の言語が数千にも分化・分断されているのは、なぜか？　1億人以上のはなして（第1言語話者）をかかえる大言語が、10もしられています。そのなかの、中国語／英語／アラビア語／日本語などは、それぞれ全然別種で、せいぜい外来語・借用語ぐらいしか共通点がありません。100万人水準まで基準をさげれば、数百言語におよぶでしょう。

　おおくの動物には、ムレごとの「方言」はあっても、通じないほどの分断はみられないはずです。太平洋と大西洋それぞれのザトウクジラで、有名な「歌」が通じないことはありそうですが、世界中の海洋に、無数の分化があるとは、おもえません。

　祖先がひとつなのに、無数に分化し「バベルの塔」状態になって

しまった人類。そのコミュニケーション能力が、遺伝子レベルでおおきくわかれてしまったから、はげしく言語が分化したとは、かんがえづらい。世界中の言語的多様性は、遺伝子対応ではなく、歴史的分化の産物でしょう（遺伝子情報で説明つかない行動様式——ことばでなく身体文化ですが——の変動については、矢田部英正［2011a］、［2011b］など）。そうでないと、ほんの150年まえの琉球列島と日本列島で通訳なしに交渉できなかったのに、近年容易に対話できる現状も説明不能です。移民二世にとって故国の言語は「外国語」です。たしかにヒトは、しゃべる本能をもちあわせているかもしれません。しかし、特定の言語をはなすようにはプログラミングされていません。よみかきなら、なおさらです。いまだに自分たちの日常言語を一度もかいたことがない集団が、世界中には何十億人もいます。たとえば大阪人だって、ケータイメールができるまで、いつもの河内弁をモジ化したことがあるひとの方が少数派だったでしょう。

　おなじように、男性ホルモンや女性ホルモンは、性欲の基盤でしょうが、「子孫繁栄第一」といった方向性には直結しないのが実態です。たとえば、昨今欧米や東アジアで少子化が社会問題・国家的課題になっています。これらの現実を、「男性の女性化」「人類の本能の喪失」などと、動物行動学的に強引に解釈するのは、まちがいでしょう。社会学や経済学なら、「産業構造の複雑化などがもたらした高学歴化。高学歴化などがもたらした、教育費用の高騰。経済格差が維持されるなか、育児機会格差がなくならないことによる、慢性的少子化の進行……」といった仮説をたてて、検証しようとします。逆に、少子化やその原因とされる、晩婚化／非婚化傾向を、「経済先進地域での人口過密化がもたらした、遺伝子プログラムによる、集団的禁欲指令の結果」などと、「動物行動学」的に解釈するとすれば、トンデモ科学のたぐいでしょう（少子化の複雑な要因については、

E・ベック=ゲルンスハイム=香川檀訳［1992］）。

エンゲルスが『イギリスにおける労働者階級の状態――19世紀のロンドンとマンチェスター』をえがいた時代やその直後、肉体労働者と家族は、ゆたかな住環境を享受できていたでしょうか？

○ 19世紀イギリス労働者階級の状態――過密居住とスラム形成、汚濁の40年代
　・人間の住まいが、歴史上最も悲惨な状態にあったのは、産業革命の成立期の都市であったといわれる。イギリスでは、1830年代……、都会は伝染病の一大温床となり、コレラなどの悪疫の流行はすさまじいものだったという。
　・これに続く1840年代に、イギリスの主要な工業都市は、いずれも「汚濁の40年代」と呼ばれるほどの最悪の状況を迎える。エンゲルスが『イギリスにおける労働者階級の状態』（1845）を著したのもこの時代だった。
　・19世紀半ば、ロンドンの人口の3分の1以上が、……スラム状態の居住地に住んでいたといわれる。
　・地下室住居や一室にベッドが6-7台も置かれているような共同宿舎、あるいは……背割り長屋などが労働者階級の典型的な住まいで、1851年のロンドン都心地区の1戸当たりの居住者数は、9.5人に達していた。
　（市浦ハウジング＆プランニング「イギリスのハウジングを巡る旅」）

「ヒトが動物行動学的なテリトリー本能にそって、つねに個体同士距離をたもつ」とか、「過密化がすすんだら、自然に性欲が低下して少子化する」といった仮説をたてることは思想信条の自由ですし、

科学的精神の自然な表現でしょう。しかし、とてもヒトの普遍的行動原理とはおもえません。それとも、19世紀の英国社会を、病理的空間として例外あつかいにしてしまいましょうか？　1980年代以降の日本列島上の男性の非暴力化を「病理的」だとみなすように。

　また、これほど単純ではありませんが、人口学の専門家たちのあいだでも、現代人が際限なくいきられると錯覚していることが「死亡率が著しく低下すれば家族のなかで当然人口過剰の問題が発生するので、早晩子どもの数を制限しなければならなくなる」「自分と同じものを再生させる欲望を忘れさせ、少子化を推し進めているのかもしれない」といった議論をおおまじめにしているほどです（河野稠果［2007］p.123）。

　以上〈人間行動をとりまく社会の産物とみなす〉という「まなざし」を紹介してきました。すでにのべたとおり、〈まなざし②自由は不自由〉とかなりカブりますが、次章の〈わくぐみ②役割論／ライフコース論〉〈わくぐみ③社会学的身体論〉をおよみのうえ、3章の後半をおよみください。個々人のなかにうめこまれた「社会」、「みえないシナリオ」を発見できるはずです。

まなざし⑥ くりかえされる現象を善悪等の判断をひかえて直視する

「社会的事実」を直視する

　もともと法学／経営学／教育学などは、社会に有用な実学的知見を提供しようという大目標があります。法律や条令の適切な制定／運用／解釈などによって、法的に合理的な社会を追求しようという姿勢。経済原理や自然／生命科学にさからわないよう、営利／非営

1.　社会学のまなざし　　33

利の経済組織を合理的に運営しようという姿勢。自然／生命科学をはじめとして、ありとあらゆる科学的知見と、人類の歴史を活用することによって、人間（ばあいによっては、コンパニオン・アニマルも。〈回路⑨〉参照）をよりよき存在へと、知育／徳育／体育を実践しようという姿勢……などです。みな、その究極の目的には、実学的応用がイメージされており、それは「よりよき方向への改善」です。

もちろん、実学には、国家警察などが、スパイに白状させるための心理的拷問など、悪魔的な色彩もはらまれます。しかし、そうした心理学・医学の悪用のような特殊なケースはともかく、すくなくとも社会科学周辺の実学志向は、楽観主義にもとづいた、改善可能性を前提にしています。「どうせダメ」とか、「めちゃめちゃにしてやる」といった、悲観的・破壊的方向は、おのずとさけられているのです。基本的に「善意」にみちあふれており人道的で、（無自覚な偽善性[12]をおくなら）「人類愛」を共有しています。

しかし、社会学の姿勢は、その点ではなはだ微妙です。「悪」をけすために調査・解析することをもとめては、いないからです。端的にいえば、反復される（かもしれない）現象は、「社会的事実」として全部うけとめよう（直視しよう）という姿勢が基調なのです。自殺、依存症、売買春、性暴力、モラルハラスメント（いじめ）（内藤朝雄［2001］、安冨歩ほか［2007］）、離婚、単身世帯、少子高齢化、人種差別、戦争、……。同質の現象がくりかえされる／とまらないと観察されるなら、あらゆる人的事象が社会学の関心対象となります。

12　たとえば、工場労働者の効率を最大化しようとした経営学の諸理論は、「労働者にやる気をだしてもらおう」といった「善意」の産物だったかもしれません。しかし、それは、労働者本位というよりは、管理者・経営者・投資家にとって、より効率的な管理ができるための「合理化」だったでしょう。こういった「合理化」問題については、後述します。

急速な自殺率低下は異常事態

　ひとびとのほとんどが「撲滅が正義」と信じてうたがわないことでも、「くりかえされている」という現実に、社会学者は着目します。たとえば、売買春という現象は、経済格差や女性差別など、さまざまな「悪」の産物であり、その一部は、あきらかに搾取や病理がみてとれようと、「くりかえされている」という現実の背後には、「必要」「満足」「依存」「生活」などがすけてみえます。それは、売春業者やセックスワーカーだけではなく、利用者やそれをとりまく関係者にも直接的・間接的に「有用」で「機能的」だととらえます。別に「必要悪」だといった正当化をするのではなく、一部のひとびとにとって"needs""goods"あつかいされている事物だということを、直視するのです。

　「有用」「機能的」という解釈が極端だというなら、「少数の個人・集団がおかす悪徳」という見解ではなく、「社会構造がもたらした『必要悪』」とより一般化していいかえてもかまいません。たとえば、社会学の古典期の代表作とよんでよい、デュルケーム『自殺論』（1897年）では、特定の社会（時空）では、一定の自殺パターンが統計で確認できる。急速な自殺率低下は、異常事態とさえいえる。という、一見異様な見解が展開されています。すくなくとも統計的に巨視的動向を推定するかぎり、自殺のような現象も、個人的な自由意思にもとづいた「自由」な自損行為ではなく、社会現象の具体例にすぎないと。こういった現象観は、前節までのべた、〈まなざし④「常識」をうたがう〉と、〈まなざし⑤人間行動をとりまく社会の産物とみなす〉の、必然的結論なのです。

　そして、目前にひろがる現実を、善悪の判断をとりあえず停止して直視する姿勢を堅持することは、社会学的営為が基調とするものです。たとえ周囲から「冷酷だ」、「虚無主義だ」批難されても。

1. 社会学のまなざし

〈くりかえされる現象を善悪等の判断をひかえて直視する〉という「まなざし」を紹介しました。自然・生命現象とは異質な人間行動に対して、こういった、つきはなした視座・姿勢は、違和感がのこるかたが大半でしょうが、人間行動をできるだけ客観的に把握し、応用にまちがいをおこさないよう配慮しようとすれば、自然・生命現象に準じた「科学的態度」がもとめられるわけです。実際、「自殺よなくなれ」と、どんなに宗教者がいのろうと、絶滅は不可能でしょう。宗教者は、むしろ自殺志願者をおもいとどまらせられるよう、ききやくに徹し、まえむきのアドバイスをするほかないわけです。まして官僚や医療関係者なら、「自殺は毎日おこること」という客観的現実を直視して政策や対策をねるほかないでしょう。

現代社会を「退廃」「劣化」した時代とうけとめるひとはおおいのですが、現実から逃避して過去を美化しても、どうにもなりません（個人的な精神安定は別です）。みなさんが、どんなに嫌悪感をいだこうと、社会はまわっていくのであり、それを規制する、みえないシナリオにそって「役者」が配役をこなしていくように、「人間行動」は「社会の産物」であって（〈まなざし⑤〉）、善悪・好悪でうんぬんしても、きえてなくなってはくれません。是非とも2章を経由のうえ、3章、とりわけ後半をごらんください。

まなざし⑦「いま・ここ」を「いつか・どこか・なにか」とくらべる

これまでのべてきたことを単純にまとめるなら、「ことなった時間／空間を、多様な角度からくらべる」「いま・ここでの第一印象にとらわれない」「世間的常識をうたがってかかる」ということです。

グラス・ラミスという政治思想史家が、「自選集」のなかで、「過去への窓」「ほかの国々への窓」「ユートピアへの窓」というイメージで解放論としての学問を提起しました（ラミス［2017］）。「いま・ここ」にとらわれるのではなく、歴史的（時間的）比較、地理的（空間的）比較、思想的（論理的／想像的）比較などをえらぶことによって、「いま・ここ」でおきている現象（自分にとっての、「現実」）を冷静に客観視できる。「いま・ここ」のただなかにある自分（たち）＝「現実」を「いつか・どこか・なにか」とくらべることで、みえている現象の本質をとらえなおす。「社会学のまなざし」とは、「いま・ここ」を、「いつか・どこか・なにか」とくらべる視線（姿勢・意識）のことだと、いいかえることができそうです。

　「社会学のまなざし」がラミス流「窓の学問」とすこしちがうとすれば、社会学者によっては「ユートピアへの窓」がもちいられないという点でしょう。おおくの社会学者たちは夢想家ではありません。「現実化していない理想」は、たとえば、「かりに空気など気体が存在しない真空中を物体が移動したら……」といった、解析・説明にとっての、「雑音」「障害物」みたいな要素をモデルからはずすばあいぐらいではないでしょうか？

　社会学者たちにとり、「理想」よりもまず、「当事者が体感している『現実』とはなにか？」「『現実』をなりたたせている具体的要素・本質はなにか？」が、最大の関心事となります。目前の「現実」を吟味するための、歴史的情報／地理的情報以外の「比較」のツールといえば、分布状況を推計する統計学、体験者・関係者に記憶や実感をことば化してもらうことで整理するインタビュー、動画データや録音データから当事者が無自覚に駆使している知識・能力を解析する作業、そしてコンピューターなどの計算機をもちいたシミュレーションなど、理論的ユートピア……と、いったところでしょ

か？

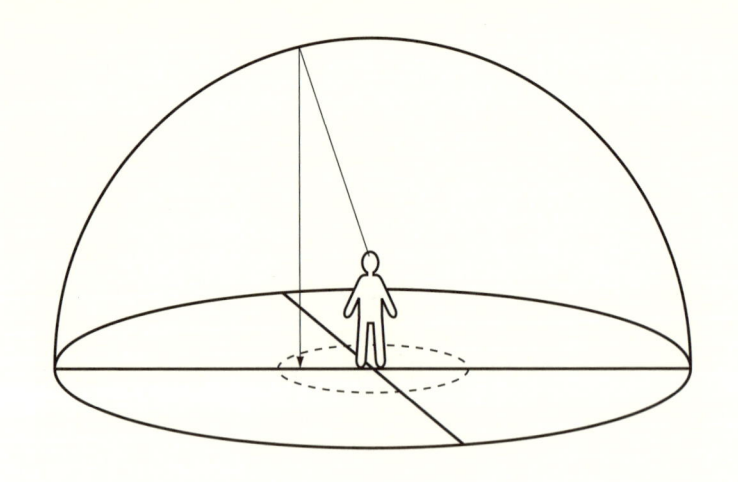

　もちろん、これらモデル化のための単純化作業は、100年以上の蓄積があり、ナショナリズム、都市化、官僚制、防衛機制[13]、とか、たくさんのモデルや理念型（本質を理解するためのイメージ：次項参照）が用意されています。社会学独自のものばかりでなく、政治学、地理学、社会心理学など周辺分野からありがたく拝借したものを応用・洗練化し、最近は「本家」におかえしもしています。

　いずれにせよ、「いま・ここ」とは異質な「いつか・どこか・なにか」があり、「いま・ここ」の本質をうきぼりにする（＝比較検証する）ためには、つかえるデータ／手法、なんでも総動員（拝借のために自由旅行）、ということです。

　イメージ的には、全面カガミばりの半球ドームにうつった自分と

13　不安をかかえる人物が無自覚におこなう自己正当化や心理的逃避などの総称。

周辺環境をモニターする感じです（ましこ［2005］pp.219-21）。

　すでに、〈まなざし①近現代を特殊な時空としてみる〉でのべたことのくりかえしになりますが、近現代とそれ以前の時空との比較を冷静に整理したうえで、世界史の学習参考書にたちかえってみてください。そうすれば、逆に、この現代史が、どうにもうごかせない巨石のようではなく、みえてくるでしょう。そして、次章の〈わくぐみ①社会変動論〉を経由して、3章前半の歴史的概観をよみすすめてください。

まなざし⑧「理念型」と「本質主義」

　前項とからんで社会学が現実とむきあうときの「まなざし」でつねに提起されるのは、現実の多様性・複雑さ（多面性／多重性／変動性……）の整理法です。

　別に社会学にかぎらず、およそ科学的態度であれば、現実の現象をそのまま「なま」データとして無加工に記録・再現・再検証できるとはかんがえません。たとえば、ガリレオ・ガリレイが発見し定式化したとされる「物体が自由落下するときの時間は、落下物の質量とは無関係」（落体の法則 1）は、空気抵抗など「抗力」がないならばという、通常の自然状態ではありえない設定下での議論です。

　では、通常の自然状態ではありえない設定が空虚で無意味なものなのかといえば、そうではありません。「物質・圧力が 0 の仮想的状態」みたいな実験条件を追求しなくても、「落下物の質量とは無関係」な運動を観察できるでしょう。そして、すくなくとも、地表へとひっぱられる物体に抵抗するかのような大気を、運動法則にとっての「障害物」として、理論的に除去していいことになります（空

1．社会学のまなざし

気力学とか航空力学みたいな領域ではもちろんムリですが)。

「理念型」——タイプをみちびきだす

社会学にあっては、「制定規則による合法的支配」をもっとも純粋に体現したものとして「近代官僚制」[14]をあげた、M・ヴェーバーの見解が有名です（マックス・ウェーバー＝世良訳［1960］『支配の社会学』）。ヴェーバーの「近代官僚制」という概念（「理念型」）は、実態を実体として機能的に分類したものではなく、想像上の本質を抽出したものといわれています。「落体の法則」のばあいの「真空」問題同様、純粋に現実化しているかどうかは、問題にしないのです。

「理念型」の本質をつかみとるために、所得分布（たとえば、ある年収がどの程度の人口比をしめるか）をつかって明示しようとした、ある社会学関係者による解説（ブログ記事）を紹介します（pp.41-2。引用文中のかっこ内は、引用者による補足）。

資本主義を、理念でかたるなら、経済行為における自由放任体制であり（実際、市場原理主義とよばれる経済学派・勢力は、政府による規制・介入を最小限にまで縮小せよと主張します）、社会主義を、理念でかたるなら、経済行為に対する公的規制を自明視する体制（所得差が発生したなら、不公正・非合理とみなされる分布を「是正」しようと、高所得者になるほど税率がたかくなるような累進課税とか、格差をツブそ

---

14 「制定規則による合法的支配」とは、口約束とか暗黙の了解ではなく、モジにかかれた法律など文書によるルールで、当事者たちの行動が規制されている状況のこと。「合法的支配」とは、「人身売買」など法律に反するとりきめではなくて、公的に正当であるとみとめられた強制力であること。「近代官僚制」とは、いわゆる、お役所のシステムだけではなくて、軍隊や企業ほか、近代的なピラミッド状の組織なら、大体にかよった形式におちついてしまう、分業・命令系統・文書主義などの特徴の集合体。

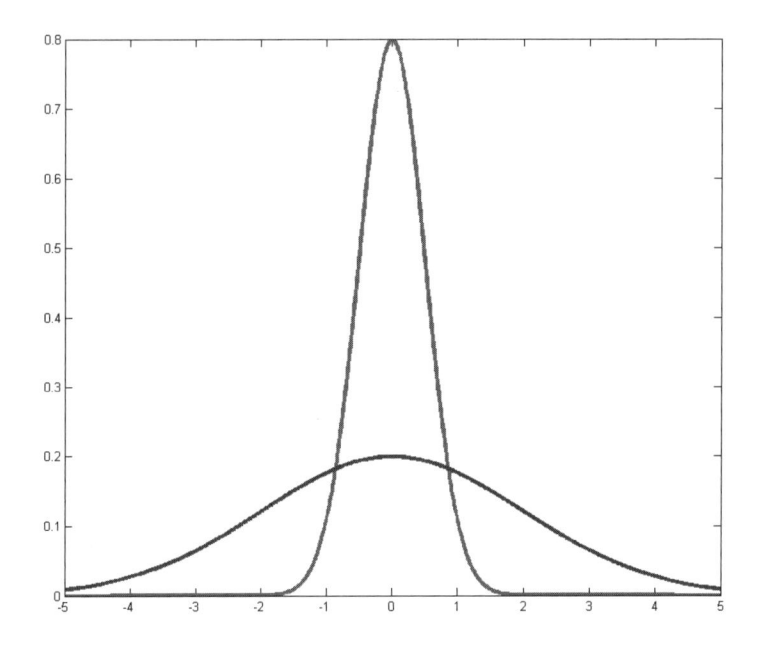

うとする)のはずです。上のグラフでは、たて軸が人口比、よこ軸が平均収入を0とした分布をしめしています(以下引用)。

> ……(なだらかなカーブ)が資本主義で(とがったカーブ)が社会主義に近い社会を示しています。……
> もちろん、資本主義社会にもバリエーションがありまして、例えば日本や米国では限りなく(なだらかなカーブ)に近い、もしくは、U字型に近づきつつあったり、北欧では(とがったカーブ)に近かったりするのですが、一般的に資本主義社会の方が平均値からのばらつきが激しい、つまり格差が多い社会と言えます。……
> さて、ここで表された収入差というのはまさしく理念型で

1. 社会学のまなざし　　41

す。要するに、左右完全に均等に収入が分布されているのなら、それは「理念型」であります。しかし、現実的に考えてそんなことはありえないですよね？……

（なだらかなカーブ）を資本主義社会の理念型と仮定して考えてみましょう。もし、最貧困層に属する人が1000人いたとしたら、もっとも裕福な人たちも1000人いなければなりません。同じように次に貧乏な人が2000人ならば、対照となるグループにも2000人存在します。ですが、実際は違いますよね。……

従って、理念型と現実社会を比較することによってその社会の「タイプ」を導き出すことができます。ちなみに理念型との完全一致は絶対に達成されません。……

（「理念型」＝2012年ごろまで『ヨーロッパを社会科学的に考察するブログ』というサイトに実在した記事から）

　自由主義にそって、経済行為の結果を完全放任しようという政治体制も、物価を政府が完全に規制してしまうなど、市場原理を停止させた完全な統制経済を実施する政治体制も、実際にはありません。公的な経済政策によって市場に介入したり所得分布を規制しようという政治体制は、規制の強弱、格差の大小はあっても、連続体をなしています。

　しかし、富裕層がますますゆたかになることを規制する累進課税をきらい、格差がひろがることを放置するようなアメリカと、高率の課税によって所得格差をちいさくしようとする北欧、ヤミ経済以外政府が徹底的に経済を統制している朝鮮など独裁体制とでは、経済格差のありようは全然異質です。「連続体」という大小関係ではとらえきれません。その意味で、「理念型と現実社会を比較するこ

とによってその社会の『タイプ』を導き出す」ことができるというのは、そのとおりでしょう。「なだらかなカーブ」「とがったカーブ」のどちらによりちかいのか？　中心が左右どっちにかたよっているのか？……など、タイプの可視化が可能になるのですから。

　いずれにせよ、「理念型との完全一致は絶対に達成され」ないという原理的な宿命は、不完全性とか障害などではありません。むしろ、現実の複雑性から自由にイメージを設定できるだけに、名人芸的ではあっても、シャープさがひかるといえるでしょう。

「本質主義」＝過度の一般化を極力さける

　同時に社会学関係者は、集団の境界線等、一般化の暴走を「本質主義」といって警戒します。あとでのべるとおり、社会調査は、慎重な操作的態度からみちびきだされた膨大なききとり調査データや、無数の数量データから抽出されたサンプルを解析することで浮上するイメージを徹底的に「可視化」しようとします。しかし、それらデータとえがきだしたモデルにおぼれて、読者を洗脳してしまう（固定化したイメージを注入する）ような分類行為は極力さけるのです。

　たとえば、すでにのべたように、性的少数派ほか、「常識的」でない部分にも、かならず「まなざし」を投じます（いわゆる「性差」がはらむ微妙な問題に社会学的なひかりをあてたものとして、キース・ヴィンセントほか［1997］、加藤秀一［1998］、赤川学［1996］、［2006］など）。世間一般が「あたりまえ」とみなす規範意識の構造を一方でとらえつつ、そこからはみでる少数派の動態にもかならずめくばりします。

　すでにのべたとおり、左右対称の「正規分布」でも、平均値からハズれた両端に少数ながら「集団」をなすとか、「正常」「異常」の区別は存外困難だとか、特定のイメージをおびる呼称をもって分類することの暴力性、そこからモレる存在が否認されてしまう危険性

に、注意をはらうのです。

　当然、もっと乱暴な、「日本人なら〜」といった一般化、「朝鮮人は〜」といった矮小化（「本質主義」）には、反対します。境界線があいまいで、しかも内部に多様性・変動がはらまれていることがあきらかな呼称が、あたかも「一枚いわ」で論じられるような意識＝知的野蛮（＝差別／排除／攻撃の温床）には徹底的に批判をくわえるのが、社会学周辺の「習性」といってよいでしょう（ましこ［2008］。政治学者の作品として、杉田敦［2005］）。

　こういった「過度の一般化」を徹底的にさける姿勢は、社会構築主義といった厳密な議論へとつながります。「社会構築主義」とは、物理現象のように観測誤差以外は客観的に存在する事象とみなしてよいものごととはことなり、社会現象が視座によってちがってみえてしまうこと、なかでも社会問題といわれる現象は、観察者（集団）の脳内のイメージ世界なのだ、といった見解・学派をいいます。「現実」とは、観測方法がただしければ一義的に確定できるような客観中立的な事実ではなく、「観察（認識）者」が特定の視座をもとに認識し解釈し、ときに共有化することで成立・消滅をくりかえす「現象」群なのだという社会観ですね。そこまで厳密さをもとめない論者たちのばあいは、「共同幻想」とか「フィクション」といった概念によって、社会構築主義とかさなる議論を蓄積してきました（岸田秀［1978］、磯部卓三ほか［1996］）。

　このような徹底的な「まなざし」によるなら、たとえば性差とか性的指向は、どの程度生得的なのか、学習なのか、など、やっかいな問題をいろいろ浮上させるのですが、ここではふみこまないことにします（加藤秀一［1998］、赤川学［2006］）。

　このように、社会学周辺の特殊な「まなざし」を紹介しましたが、これは、〈まなざし④「常識」をうたがう〉ための重要な軸なので、

利用法・適用範囲を、みなさんかんがえてみてください。もちろん3章全体にかかわる「まなざし」です。

まなざし⑨ 普遍的真理の探究は断念して、探求目標を限定する

ところで、一見矛盾するような「まなざし」も共存しています。さきに、あらゆる人的事象が社会学の対象となること、それら現実を善悪の判断をとりあえず停止して直視する姿勢を堅持するとのべました (pp.33-6)。しかし、そのことは、「社会学徒個人や、社会学的データの利用者むけに、不偏不党・客観中立の超越的なたちばにいなければいけない」という意味ではありません。たとえば、環境社会学などをはじめとして、社会学の各領域は、具体的な社会的課題にこたえるための基礎作業として展開してきました。環境破壊現象を必要悪などと位置づけることはなく、むしろそこにひそむ不公正・差別・構造的矛盾などを記述・解析することが主流です。

社会学が基本的に主張するのは、利害・立脚点がことなる読者にも、それぞれの効用があるだろうデータ・仮説を提示できるはずだ、という点です。極端なはなしですが、「多少の環境破壊はしかたがない」とか、「環境破壊の被害規模には格差がつきまとう」といった「しかたがない」論にたつ読者にとっても有益なデータ・仮説を提示しよう。そして「環境破壊は極力さけたい」「環境破壊の被害規模の格差は不当な差別だ」とする読者にも当然有益な情報を提供し、「しかたがない」論者と討論が可能となるような方向性で社会貢献しようというものです。「価値中立性」とか八方美人的な偽善性とはちがいます。そもそも全方位に等距離的な立脚点を主張すること

は、対象の取捨選択、研究方法、研究目的、研究成果の発信方法などから、原理的に不可能です。社会科学の探求は、社会現象が複雑な巨大社会のなかの一部であるだけでなく、研究者・利用者全員が巨大なあみのめから脱出できないからです。そこで、研究対象、方法、目的、発信方法など、すべてにおいて取捨選択がなされ、そこにはすくなからず政治性がつきまとうものだ、とわりきります。

このように、主体的に目標を限定した探求行為を、一部の思想家は「現代思想」とよんでいます。以前の哲学者が「真善美」など、「普遍的真理」をさがしもとめていた姿勢とは対照的に、「普遍的真理探究」をムリなものとして断念します。「目的地」と「現在地」を特定し、そのガイドマップをつくる作業を、「現代思想」とよぶのです（高田明典［2006］pp.27-32）。そういった観点からすれば、環境社会学などは、現代思想の典型例です。実際、高田さんの解説書には社会学が現代思想の一種として紹介されています（pp.142-151）。「時空△△で発生した環境問題は、▲▲という処置によって解消する以外にない」といった「（絶対的）正解」はみつからないでしょう。しかし、「時空△△で発生した環境問題でうみだされた被害者の感情を○種類に分類・図示し、それぞれの層ごとの苦痛緩和のために必要なことの整理……」といった、「目的」をたて、「地図」と旅程を作成し実行することは、不可能ではなさそうです。

このように、「普遍的真理探究」を断念したかわりに、現実主義的に実行可能な作業を用意・遂行するという姿勢は、〈まなざし⑥〉でのべた、目前にひろがる現実を、善悪の判断をとりあえず判断停止して直視する姿勢と矛盾するものではありません。

さて、〈普遍的真理の探究は断念して、探求目標を限定する〉を紹介しましたが、これは、〈まなざし⑥くりかえされる現象を善悪等の判断をひかえて直視する〉姿勢と、逆説的につながっています。〈ま

なざし④「常識」をうたがう〉姿勢ともかさなりますが、なにか具体的な改善案をだしたい。現実をかえたいひとにとって、〈普遍的真理の探究は断念して、探求目標を限定する〉はもちろん、その準備段階として〈まなざし⑥くりかえされる現象を善悪等の判断をひかえて直視する〉姿勢が必要なのです。毒物の薬理作用をくわしく解析しリスクを計算しないかぎり、劇薬を処方できないように（〈まなざし⑪〉参照）。

本節も前節同様、3章全体におよぶ「まなざし」ですので、3章の各節をいくつかおよみのうえ、問題意識を整理するために、こちらを再読ください。

まなざし⑩可能なかぎり、現実を可視化する

データの透明性の確保

およそ「科学」を標榜する学問であるかぎり、利用者・批判者がデータを再検討することができるように（たとえば、科学哲学でいうなら「反証可能性」の確保）できるかぎりの可視化をめざします。社会学のばあい、数量データのケースもあれば、会話記録のケースもあり、ときには実証史学[15]同様、歴史資料のケースもあります。い

---

15 「実証史学」とは、科学的歴史研究の別称。①歴史的資料の信頼性を確定するために、資料同士のつきあわせ（資料批判）をし、②過去の事実を極力忠実に推定し、異論のでる要素を極力へらそうという姿勢＝専門家の合意。一般読者が書店でめにする平積みベストセラーなどは、「実証史学」とは対照的な、非科学的な断定・憶測が大半。現存する資料の質から、遺構・遺物をとりあげる考古学、映像／録音資料や記憶／伝承インタビューを文献資料と照合する周辺分野がある。

1. 社会学のまなざし

ずれにせよ、結論(仮説)について、なっとくできたにせよ、疑問をもったにせよ、「もう一度たしかめたい」という読者が、結論を「再現」できるよう、データ収集／解析／解釈の手法の透明性を確保しようとします。もし、それら手法のいずれかが新種であれば、既存の手法からえた合理的根拠を明示します。また、社会学的調査のばあいは、情報提供者のプライバシーや安全がそこなわれないかぎり(=守秘義務違反をしない範囲で)、いつ／どこで／どんな属性の人物が／なぜ／なにをしたかを明示します[16]。

解釈があまりに独自で特殊だと読者の賛同をえられません。そこで、読者にとって既知のイメージを借用して、読者にとって未知のイメージを理解してもらいます。また、逆説的ですが、さきにあげた「理念型」などは「新作」ゆえに当然未知のイメージのはずですが、ときには非常に有効でしょう。

ともあれ、「可視化」の手法により、いくつかの社会学に分類されますので、列挙していきましょう。

さまざまな社会学

社会的現実を統計的な数量データから解析する領域を「計量社会学」といいます。逆に、社会学理論の妥当性を数学的に検証する領域を「数理社会学」といいます。両者は、数学をつかった数理科学

---

16 企業なら企業秘密を当然視し、警察・検察なら密室での被疑者とのやりとりを秘匿することを自明視してきたのと対照的です。「現実を可視化する」なかには、インタビューなど、被調査者のプライバシーやアイデンティティにかかわる調査倫理の透明化もふくまれます。臨床心理や医学などと同様、権力関係が発生しやすい空間だからこそ、公開方法もふくめて研究倫理がとわれます。社会調査論という自省制度は社会学部などの必修科目となっています。

の典型ですが、方向性が正反対です（もちろん、「計量」と「数理」を統合した作品もあります。その代表作、R. ブードン［1983］の簡単な紹介は、井上俊・伊藤公雄編［2011］で。関連するゲーム理論ほか計量・数理両面でのモデルの紹介として、松原望［2008］。基本的な入門書としては、日本数理社会学会監修［2004, 2006］と、数土ほか［2005］など）。理科系以外だとむずかしいかもしれませんが。

社会的文脈における当事者の意味づけ・機能を位置づけようとするのが、理解社会学。「日常的な生活世界とはいかにして構成されるか」を主要テーマとする「現象学的社会学」。録音・録画情報などから社会成員が自明視しているルール（文法・語彙）を記述しようとする「エスノメソドロジー」や「談話（会話）分析」などがふくまれます。言語学・人類学・心理学・教育学などに関心をもつ層にとっては、参考になる領域でしょう。

「参与観察」とよばれる、対象空間への参加をとおして、日常生活空間から儀礼まで、舞台上のドラマのように相互作用が展開していくとみなす、「ドラマツルギー」など、シカゴ学派[17]と総称される都市社会学者の伝統も無視できません。スティーヴン・D・レヴィットらによる『ヤバい経済学──悪ガキ教授が世の裏側を探検する』を紹介したときにふれましたが、1920年代にアル・カポネなどマフィアがウラ社会を牛耳った大都市シカゴの裏面に、社会学者たちは果敢にとびこんで、まさに「ヤバい社会」空間を記述・解析していきました。社会学者の一部は、いまだにその「子孫」です。古典的作品、佐藤郁哉［1984］『暴走族のエスノグラフィー』とか、宮台

17　ここでいう「シカゴ学派」とは、社会学史上の呼称であって、市場原理主義のメッカというべき経済学者集団（たとえば、後述の故ミルトン・フリードマン博士など）とは全然別個です。

1. 社会学のまなざし

真司 [1994]『制服少女たちの選択』、狩谷あゆみ編 [2006]『不埒(フラチ)な希望——ホームレス／寄せ場をめぐる社会学』などをあげおきます。

ほかに、「歴史社会学」[18]とか「社会史」という分野もあります（社会学的関心とかさなる社会史作品として、コルバン [1992][2000] など）。もともと、伝統的な歴史学の主流は政治史および経済史でした。ほかに傍流として、文学部系の文学史・美術史・音楽史などが並行していましたが、たとえば、近代以前の農山漁村の住民の日常生活はもとより、都市住民の生活文化さえも、かならずしも充分な関心をそそがれてきませんでした（みなさんの中学高校での教科書や参考書類をよみかえしてみてください）。そこで、支配階級ではない層の日常生活をはじめとした、政治経済史にはかならずしもからまないかもしれない事象をとりあげる史的実証を、「社会史」とよぶようになりました。家族（性・出産・育児など）、衣食住、貧困・犯罪、心性などの領域を対象とし、社会学的手法を導入したり、文献史料偏重の是正などをおしすすめたフランスの歴史者集団「アナール派」などが典型例です。さらにそれをうけついで、古典音楽や文学・美術などに限定しない広義の文化を対象とする「あたらしい文化史」といった分野も登場しました。

社会学的な歴史研究は、これら「社会史」や「あたらしい文化史」と相互のりいれしており、厳密な境界線をひくことができません。歴史家の関心対象が近現代に特化していないという点以外、「社会史」や「あたらしい文化史」の研究者の関心領域と手法は社会学

---

18 ただし、"historical sociology" などと対応するはずの学問分野は、個人的には、「歴史社会学」といった術語（分野名）でなく、「史的社会学」とよぶべきだとおもいます。筆者は、「歴史社会学」という名称によって、歴史学／歴史教育周辺の社会現象を社会学的に分析する分野をさして、それを主専攻のひとつに位置づけています（ましこ [2003]）。

的作品とダブるからです。

　もっとも、「あとがき」でのべるとおり、社会学が関心領域と手法で周辺諸学とダブるのは、人類学・地理学・教育学・人口学・経済学・社会心理学など、相当広域におよびます。『ヤバい経済学』のあつかう話題が、社会学界では「ヤバい」どころか充分想定内でしかない実態は、すでに紹介したとおりです。過去に「社会学主義」「侵入科学」「社会学帝国主義」といった非難があがったことには、「被害妄想」などではない、それなりの必然性がありました。

まなざし⑪社会学の「ねらい」

さがしもとめるものは

　最後に、「社会学のまなざし」が、なにをさがしもとめ、それはなんのためなのか、「ねらい」を整理することにしましょう。

　さがしもとめているもの。それは、「当事者にとっての現実」と「当事者たちが自覚できていない現実の背景と動向」です。〈まなざし④「常識」をうたがう〉のも、「社会」や「世間」、そして「身内」のなかで流通する「常識」が、「社会」「世間」「身内」をささえているものの、ウソ／デタラメ／誤解が大量にあるからです。「社会」「世間」「身内」をささえている「常識」と「常識」のウラとを、両方あわせて理解したい。意識的な詐欺行為（サンタクロースの「実在」につきあう「共犯」行為から、戦争犯罪などをごまかす国際的詐欺まで）ばかりでなく、無自覚な相互錯覚（ある種の恋愛・連帯関係や宗教現象や社会運動、流行などもふくめて）をふくめて、ひとびとが「事実」として信じ、すくなくも「事実」としてあつかわれることで「社会」「世間」「身内」が、まわっていく構造を、整理して「一覧表」をつくり

たい。それぞれの個人や集団ごとの「現実」のズレなども。黒澤明(クロサワ・アキラ)監督作品『羅生門』の原作である、芥川龍之介の『藪(ヤブ)の中』のように、当事者たち個々に複数の「現実」が共存・対立している「現実」などです。

「自然」とか「本能」とか、そういったもので、物理化学的、あるいは生理生物学的に説明されるとはおもえない、さまざまな人間行動を「文化」とか「ミーム」[19]といった観点から再整理したい。しかもそれを、人類史のなかで普遍化しようという学問体系とは決別して、近現代という特殊な時空での現象として把握したい。近現代という特殊な時空では、本来的に自由であるがゆえに気体の分子運動のように統計学的に把握できるだけで予測不能にみえるのに、市場原理とは別個のさまざまな秩序や「不自由」がみてとれる。経済格差の固定化とか、文化的なすみわけとか、なるべくひろく。

著者が影響をうけた社会学の古典的入門書には、つぎのような社会学観がのべられています。

> ……社会学者は視野になにがあるのか、みつめようとする。……かれは、自分がいだくかもしれない希望や恐怖にかかわりなく、みつめようとするだろう。このように、これは対象を純粋に認識するということ、いいかえれば人間にあたえられた手段で可能なかぎり純粋に知覚するという行為であり、これこそ社会学の目標なのだ。
> ……社会学者も一種のスパイといってよい。かれの職務は一

---

19 生物学者リチャード・ドーキンスは、遺伝子の道具としての生命体というモデル(利己的な遺伝子)の延長線上で、ウィルスのように人間同士でコピーされていく文化的情報を、「ミーム」となづけました。

定の社会的地形とでもいうべきものを、可能なかぎり正確に報告することなのだ。そこで、どのようにうごくべきかを決定するのは社会学者以外の人物だ。社会学者自身がきめることがあるかもしれないが、それは社会学者としての役割においてではない。このようにいったからといって、社会学者が自分のやといぬしの目的や、社会学者のしごとをどう利用するかについてとう責任をもたないというわけではない、と強調しておく。……

……人種偏見の動態についての社会学的理解は、寛容をひろめようとする人々にとっても、集団内の憎悪をかきたてようとする人々にとっても、応用可能だ。人間の連帯性の本質についての社会学的理解は、全体主義体制、民主主義的体制双方の業務にとっても適用可能だ。……

(Peter L.Berger "Invitation to Sociology: A Humanistic Perspective" (1963)、pp.5-7。P.L. バーガー=水野節夫・村山研一訳 [2009] pp.14-6 とは別個の独自訳)

基本的には、完全な「社会学＝中立な道具観」です（〈まなざし⑥〉参照）。生物学者にとっての顕微鏡、天文学者にとっての望遠鏡、軍人にとっての無人偵察機……。バーガーは、その直後に生物学者と、治療・殺害を例示していますし、書物の巻末ちかくで「毒薬」(sociological poison; p.174) になぞらえているので、リスク面をふくめて薬物をイメージしているようです。その社会的な利用のされかたにも責任をおっているという意味でもです（〈まなざし⑨〉参照）。

なんのために

では、バーガーはともかく、社会学者たちは、なんのために、そ

んなことをおいもとめるのか?

(1) まずは、「社会学がとりくまないで、どこがやる?」と、「特殊な時空としての近現代」を対象とする理由としてすでにのべた「動機」です (p.2)。ほかの学問分野の人材がとりくまない。学問的性格から意識的にとりくむとはおもえないとか、周辺分野との「分業」意識です。
(2) 想定外のことばかりでなく、一定の秩序がみてとれるなら、社会現象のマッピングができるだろう。市場メカニズムに対する経済学者のアプローチからもれるような、「社会/世間/みうち」での相互作用の動態をなるべくひろく、できればふかくやりたい、という意識。
(3) 社会が徐々に、あるいは急速に変動していくとして、そのメカニズムのなかで、一応の「予報」ができそうな部分をしりたい。できれば政策科学に貢献(政策理念を空転させる矛盾の発見など)したり、少数派の護身術的な機能(当事者の経験知による対応とは異質な新展開と近未来の試算)をはたしたい、という意識(ましこ[2010][2005])。
(4) うえの「常識」問題でいえば、大多数からみおとされている少数派集団の境遇、たとえば環境被害とか人権侵害などを、ジャーナリズムとは別角度で整理・周知したい。

社会学者個々人の性格や生育歴や修行過程などにより「動機」項目に多少・濃淡はありますが、以上のような「ねらい」(「対象」と「動機」)があげられるでしょう。

2. 社会学という「知のわくぐみ」

わくぐみ①社会変動論：「現代社会」という、流動しつづける時空

　前章で、流動しつづける近現代という、前代未聞の、そして人類史上、ごく一部をしめるだけの特殊な時空にしぼって対象化するとのべました。つづく次章の序盤とおもにかかわりますが、近現代をつらぬく「社会変動」という普遍的構造をささえているのは、「伝統」を破壊する「自由」「革新」と、その帰結という巨大な軸です。世襲身分秩序を破壊し、経済・政治・文化を革新していった自由主義は競争原理をかかえこんでいますし、競争原理をつらぬいているのは合理主義です。というのも、貴族・王族身分の世襲的な特権を否定し、産業人や市民の自由な経済的・政治的・文化的活動を擁護する民主主義（政治的）、自由主義（経済的・文化的）は、属性（属人・属地）的な既得権益を否定する競争原理にたどりつくからです。競争原理とは、属性から結果（経済的・政治的・文化的地位や役割）がみちびきだされるのではなく、ルールにのっとったゲームの結果（業績）によって結果（経済的利益や名誉など）がもたらされるという原則です。

　そして、こういった競争原理での勝者のおおくは、合理的プレイヤーです。モニタリングによって、自他の条件を客観的に把握したうえで、あたえられた環境下でのゲームに確率論的に勝利しやすい

行動をとるのです。在来の商家も近現代のなかでいきのこり、成長していったのは、近代的市場に適応した合理的商法へと転換できた部分だけでした。貴族・王族身分が、既得身分から文官・武官であった時代がおわって、官僚や軍人へととってかわられた、あるいは官僚・軍人へと変貌をとげたのも、競争原理のなかで合理的に行動しないと、ライバルにやぶれる宿命にあることが、すぐにわかったからです（合理的な兵法書も世襲身分には言及しない）。特権身分による治世が、民主主義という選挙制度による代議員制へとかわっていく（日本列島周辺でいえば、王政や幕藩体制から、貴族院・衆議院をへて、衆議院・参議院へと）過程も、「世襲議員」が不当だと批判をうけるようになったのも、競争原理とそれによって帰着する合理主義の典型例です。御典医など世襲の漢方医・蘭方医たちから、医学部をへた医師国家試験合格者だけへと完全にとってかわられたのも同様です。

こういった「敵国」「同業他社」「ライバル」などにまけないように、という競争原理と合理主義は、近代以前とは異質な、国民国家や株式会社など各種利害団体や宗教法人・農業協同組合等をふくめた、おびただしいNPO（非営利組織）など、政治的・経済的・文化的結社等をうみだしました。国民とか会社員とか団体職員とか、いろいろな近代特有の社会身分も誕生します。労働者の失業や労務災害、貧困層対策などをしないと、社会不安がつのり、ときに都市暴動がひきおこされるなどもあって、社会福祉のための予算が、税金によってまかなわれるようになります。

しかし、国家財政は肥大し、徴税がうまくいかなくなり、労働現場の合理化が失業をうみ、失業対策が機能不全をひきおこし、外国人や外国資本の流入を不安視する論調がたかまり、科学技術の未来にも暗雲が……。合理化は、超合理化をみせた途端、「進歩」のピークをすぎて、非合理性がめだつようになる。治安をふくめた安全性、

せっかくできた医療保険や老齢年金が破綻するのではないかといった、将来がかかえているらしい「リスク」が浮上する。

つづく次章の前半（〈回路①〜⑤〉）では、高校での世界史や日本史などでならったはずですが、実際には「時間ぎれ」で超高速ですまされがちな「近現代史」の「補習」をしましょう。「日本人」という、あたりまえにおもわれている概念も、歴史的にふりかえると、「発明」の産物だったりとか、いまわしいナチズムが「対岸の火事」ではなくて、わたしたち自身の「進歩意識」として共通点があるとか、最近の国際社会のみえづらい深層であるとか、いろいろな話題がとびだしますが、実は、ねっこでつながっていることがわかるでしょう。流動しつづける近現代という、前代未聞の激動空間を歴史的に「復習」することで、現代の諸相に密接な関連性があり、たがいが連動していること、そして、わずかであれ、近未来がどういった方向性へとむかいつつあるのか、ヒントがえられるとおもいます。

前章でのべた、〈まなざし⑦「いま・ここ」を「いつか・どこか・なにか」とくらべる〉ことによって、〈まなざし①近現代を特殊な時空としてみる〉や〈まなざし②自由は不自由〉を確認することになるでしょう。そこでは、〈まなざし⑥くりかえされる現象を善悪等の判断をひかえて直視する〉ことになります。過去を野蛮な時代として断罪もしませんし、現在の社会問題を単なる病理現象などとしてかたづけることもしません。いずれにせよ、みなさんも、この前代未聞の激動空間のただなかから、簡単には脱出できないことがわかるでしょう。M・ヴェーバーは、官僚制組織の形式的合理化の進展が実質的な非合理性をもつこともふくめて「鉄の檻（オリ）」とのべましたが、資本主義的市場システムも「鉄の檻」の一種といってよさそうです。ここからの脱出の可能性は、のちに紹介するボイル［2011］『ぼくはお金を使わずに生きることにした』にかかれていますが、同

時に、現代におけるその困難性もしめしているようによめます。

わくぐみ②役割論／ライフコース論:「現代社会」のなかで激動する人生

〈わくぐみ①〉でのべたとおり、前代未聞の激動空間のただなかにくらすわたしたち。当然、わたしたちの人生は、近代以前とは異質な、特殊な性格をもちます。次章中盤（〈回路⑥、⑦〉）は、自由で競争的で合理的な時空で、わたしたちの人生が、どのような性格をおびているのか、「社会的役割」がおりなす「社会分業」と、それがくりかえされる「物語」（シナリオ）と、その変動の様子を、みなさんは確認することでしょう。とりわけ、〈回路⑦社会のなかのライフコース〉では、家庭周辺・学校周辺・職場周辺で、さまざまな変動過程がたしかめられます。「脚本家」「舞台監督」不在の「シナリオ」にそって、わたしたち「俳優」はいかに演じドラマを構成するか？

これも、前節同様、〈まなざし⑦「いま・ここ」を「いつか・どこか・なにか」とくらべる〉によって、〈まなざし①近現代を特殊な時空としてみる〉や〈まなざし②自由は不自由〉を確認することになります。もちろん、ここでも、〈まなざし⑥くりかえされる現象を善悪等の判断をひかえて直視する〉姿勢にかわりはありません。みなさんが自明視してきただろう「常識」は、おおきくゆさぶられることでしょう（〈まなざし④〉）。

しかし、この領域にとって重要な「社会学のまなざし」は、〈まなざし⑤人間行動をとりまく社会の産物とみなす〉という視座です。そして、当然のことながら、「役者」の心身は、現代社会がもたらした

科学技術や流行や共同幻想の産物であって、ヒトという種のDNAの指令どおりの単純反復ではありません。ただ、単純な「再生」ではないはずなのに、「シナリオ」と「配役」には不思議な既視感があることでしょう。

　それというのも、(1)「シナリオ」にそった「配役」には、それなりの適合タイプがあって、「キャスティング」には限度があり、そして (2) 家族など私的集団にせよ、会社・役所など公的集団にせよ、組織が機能し存続するための条件はかなり限定されているからです。指導的地位、従属的役割、さまざまな分業は、それを成立させるリクルート（人材補充）、資金調達・配分など、人材以外の必要な資源もからんで、複雑なタペストリーをかたちづくりますが、それらにも、一定の合理的パターンが確認できます。無茶な企画、放漫な経営、変化への逃避的消極性などは、競争的な空間では敗退・消滅につながるのは当然ですが、利潤を追求することを目的としないはずの病院・学校・宗教団体などの組織でさえ、民間企業とにたピラミッド構造になってしまう宿命があるのです（「官僚制」）。組織内外での競争的な選抜システムにより、無能なスタッフを周囲が質・量両面でカバーできないような組織にならないよう、自浄作用が最低限はたらきます（トホホな組織もたくさんありますけど）。

　近代的組織は、それ以前の世襲身分社会とは異質な競争的人事で維持・運営されます。しかし競争原理・業績原理にそったピラミッドも、軍隊・警察組織など以外でも、「上意下達（ジョーイカタツ）」という指揮命令系統が一般的です。社会全体は、大小のピラミッドだらけになり、その各ポジションをしめる各キャラは、期限限定ではあれ「身分」として機能するという逆説的な「シナリオ」をみていきます。

　格差社会とか学歴社会といわれる社会現象も、ひとびとがいだいているイメージとは、かなりズレがありますが、ひとびとの人生

2．社会学のわくぐみ

(ライフコース) も、巨大な分業システムと無縁でないことは、〈わくぐみ①=社会変動論〉とつながっています。

わくぐみ③社会学的身体論:「現代社会」のなかで激変する心身

つづく、次章終盤 (〈回路⑧〜⑨〉) と〈番外編〉は、前代未聞の激動空間のただなかにくらすわたしたちの心身をとりあげます。前節・前々節同様、〈まなざし⑦「いま・ここ」を「いつか・どこか・なにか」とくらべる〉によって、〈まなざし①近現代を特殊な時空としてみる〉を確認し、〈まなざし④「常識」をうたがう〉ことはもちろん、〈まなざし⑤人間行動をとりまく社会の産物とみなす〉のは重要です。ひとびとは自分がかんがえているほど自律的ではなく、社会のなかの「1分子」として周囲の構成要素との緊密な関係性のなかにとらわれている点は、〈わくぐみ②〉での「物語」の一部として「社会的役割」を演ずるかたちで人生が展開するのと同様です。

スポーツをはじめとする各種パフォーマンスも、さまざまな身体加工も、ペットや通俗心理学[20]の存在意義、ケータイ電話などの意外な含意など、わたしたちの心身は、確実に現代社会という前代未聞の動態のなかの存在です。だれひとりとして (お釈迦さまが到達したという、ブッダ[21]はともかく)、こういった現代空間の力学から超然

---

20 「通俗心理学」とは、「行動から心理・性格がよめる」といった議論や、「血液型性格分類」「右脳・左脳論」「ゲーム脳論」のように、科学的ウラづけが全然ないニセ学問などの総称。

21 「ブッダ」(仏陀) とは、仏教での「さとり」。真理 (法) にめざめ、煩悩(ボンノー)

と自律的ではいられません。

　わたしたちは、すでにのべたとおり、日々巨大なシナリオ空間を構成し、歴史をつむいでいますが、当然のことながら、「役者」の心身は、現代社会がもたらした科学技術や流行や共同幻想の産物であって、流動しつづけていきます。すでにのべたとおり(p.59)、「シナリオ」にそった「配役」には、心身上の適合タイプがあって、ミスキャストは大問題となるか、降板の宿命にあるからです。重要なのは、近代以前が、世襲身分上の属性で心身が構成されていったのに対して、現代社会のばあいは、社会全体のリクルート構造のなかで、キャスティング獲得競争という、イスとりゲームがおびただしく反復されていて、〈わくぐみ①〉でのべた、自由主義がもたらした競争原理が貫徹している点です。しかも、現代社会のばあいは、「サイボーグ」の実現をにおわせる、SFっぽい科学技術の進展があることがみのがせません。移植手術・美容整形・薬物をはじめとした、身体加工や心身管理が、「ゆめものがたり」だったことを実現しつつあるともいえます。

　「おまけ」は、サッカーの一流選手たちがおこした騒動についての、再検証（10 年程度しかたっていませんが、風化しつつあるので）です。「番外編」としてありますが、「社会学のまなざし」を凝縮して集中スポットをあてたばあいの、解析結果をおとどけします。一見、「スポーツ社会学」、あるいは「カルチュラル・スタディーズ（cultural studies）」[22] の一例ではありますが、意外に射程がひろく、深度がふか

　　から解放されること。

22　「カルチュラル・スタディーズ（cultural studies）」とは、20 世紀後半に英米圏ではじめられ、日本ほかにもひろがった文化現象の批判的検討の総称。大衆文化などをふくめて、以前はとりあげられることがなかった、高

2. 社会学のわくぐみ

いのではないかと、ひそかな自信作です。

級とはみなされない文化現象全般もカバーし、分析のためにはつかえる手法をなんでも総動員する姿勢は、社会学とかなりかさなる。

3. 知の回路

　では、前章までの、みかた／とらえかたをもとに、実際に社会現象を解析してみましょう。

　「回路」という以上、＋極からでた電流は－極へともどってきます（電子的には、－極を出発して＋極に帰還）。途中でさまざまな抵抗や分岐があるでしょうが、みなさんは、「電子」になった気分で、「回路」中を旅行してみてください。

回路①自由と平等をめぐる社会現象：自由主義／資本主義／福祉社会

　１章でのべたとおり、社会学がむきあうのは、「自由」という原則にそった時空です。「自己責任で、（死や不名誉をいとわないかぎり）物理的・経済的に可能なことは、なんでもやれる」という、ものすごくアナーキーな世界です。なにしろ、政府などの巨大権力が軍事力・警察力や死刑制度などを総動員しても、ひとびとのすべての言動をとりしまることは不可能だからです。公権力は何十万〜何百万人という人民を「合法的」に虐殺できたほどでした（ホロコースト／原爆投下など）が、王族や大統領など、最高の身辺警護によってまもられてきたはずの人物が個人によって暗殺されてきました（背後の組織がどのぐらいの規模かは、わかりませんが）。

こうした自爆テロや処刑覚悟の暴走はともかく、「法律違反以外自己責任でなんでもやれる」という、「自由主義」が現代社会の原則であることは、確認しておきましょう（〈まなざし①、②〉参照）。

市場原理主義者の「常識」？

法律や政治とならんで経済領域でいえば、資本主義市場という空間に商品交換をゆだねてしまっているシステムも、「法規制の対象以外何でもあり」という原則です。マルクスらによれば、合法的な等価交換（労働力提供＝賃金）が恒常的な収奪を構造化していることになります（「搾取」論）。経営者や投資家たちは「企業が商品を提供するからこそ、消費者がニーズをみたせるし、労働者が生活できる。みんなが得する"win-win"関係なのだ。しかもわれわれは、そのためのリスク（たとえば倒産・財産消失など）をあえてのりこえて、がんばっている＝凡百(ボンビャク)のいくじなしどもとちがって、ハイリスク・ハイリターンに挑戦する勇者こそ、われわれである」と主張して、自分たちの利潤追求行動を合理化するでしょう。実際、もうかってしかたがない企業体や投資家はごくわずかのようです。しかし同時に、「一獲千金」のチャンスが自分たちにもまわってくるのではないかという期待があるからこそ、経営・投資活動をやめないのでしょう。

社会貢献するという理念を追求しているとしかおもえない「株式会社社長」をしっていますし、かれらをわるくいうつもりなど毛頭ありません。しかし、すくなくとも数百人をこえる企業体の経営者が、「自分たちには雇用責任がある」とのべたときに、それをつねに「まにうける」ことができるかは微妙です。たとえばオートメーション工場の経営者や投資家が、「労働者とその家族をやしなっている」といった感覚をもっているなら、それは自己満足的な偽善です。あとでのべるとおり、オートメーションは労働者の省力化ではなくて、

熟練を不要化し、ともかく薄利多売のために、機械のペースに労働者をあわせさせるシステムであり、経営者・投資家と消費者のためだけに労働現場を収奪するほかない宿命をおっているからです。

一部の極端な意見だといわれるかもしれませんが、市場原理主義を代表するといわれる、経済学者（ノーベル賞受賞者）のミルトン・フリードマン（1912-2006）氏などは、

> 「企業の利害とは株主の利害です。……株主の金を使って、社会にとっては良いが収益には直結しないことに手を初める[ママ]べきでしょうか？　私はノーだと思います」
> 「企業の社会的責任が容認される場合がひとつだけある」「それが利益追求のための方便であるときだ。社会的、環境的価値を株主の富を最大化するための手段——本来の理念を追求するためではなく——に使うときには……まったく正しい」
> 「偽善が収益に寄与するのであればそれも良し、道徳的善意も収益につながらないのであれば非道徳」
> 　　　　　　　　　　（ジョエル・ベイカン［2004］pp.47-8）

とのべているとのことです。

この発言の真意・本質は、実はものすごいことを意味します。というのも、投資家以外の企業の関係者である、経営者・労働者と家族・消費者のためになることは、いっさいする必要がない。むしろ、株主のさらなる利潤追求の障害になるなら、それらは有害な行為である。……といった見解だからです。いいかえれば、経営者とは、株主の意向だけを重視する義務をおっており、極端なはなし、株主を除外したあらゆる社会的構成員の利害を無視してもよいし、むしろ違法とされないかぎり、ありとあらゆる手段をつくして投資家以

3.　知の回路

外の「社会」全体から収奪することが義務であるということになります。顧客・消費者の権利侵害さえ辞さないと。環境負荷など「公益」などは、なおさらです（動植物は株主総会でモンクをいったりしない、サイレント・マジョリティですから）。もしフリードマン博士の論理が科学的で普遍的にただしいのだとしたら、資本主義を奉ずるかぎり、合法的な範囲で労働者や資源を収奪しつくし、過労死がおころうが、平均余命がちぢまろうが、環境破壊で人類が死滅にむかおうが、いたしかたない、……という、「必要悪」論になります。

もちろん、こういった過激な原理主義を公然といいはなつ論者は、さすがにおおくはありません。「利益追求のための方便」としても、最低限の体裁をとりつくろわないと、周囲の「偽善者」たちからあしをひっぱられ、それこそ「利益追求」にさしつかえるからです。そういった「配慮」は、近代以前からも存在していて、所得の再分配ととれる政策とか、弱者救済策がとられてきたことも事実です。

弱者救済策という配慮

〈まなざし⑦「いま・ここ」を「いつか・どこか・なにか」とくらべる〉をつかうなら、たとえば、17世紀なかごろにおきた江戸の大半をやきつくした「明暦の大火」（1657年）のケースをあげることができます。江戸幕府は、備蓄米放出、復興資金援助など多額の散財を実行しました。本郷など3箇所から連続的に発生したとか不審な点もおおく、幕府による都市改造のための放火説さえ否定しきれないのはともかく、実際、幕府は巨額の資金を拠出できるだけの余力があったとおもわれます。すくなくとも、やけだされた町人たちは、感謝感激だったでしょう。

イングランドでは、有名な「エリザベス救貧法」（1601年）の前史として16世紀に救貧制度が拡充されていきます。これもふえつづ

ける浮浪貧民が窃盗をくりかえすなど社会問題への体制の対応でした。また貧困を怠惰の象徴としてきらうプロテスタンティズムの定着以前には、貧者救済を善行とする教義（「善きサマリア人のたとえ」など）にそって教会やギルドが自発的におこなったようです。

　近代であれば、うえにあげたような市場原理主義のむきだしは弱者の反感をかい格差拡大や不条理（公害企業による環境破壊、別の地域・職場なら問題なく勤務をつづけられる人物の、本人の能力・意欲などと無関係な失業など）によっては暴動さえもおきかねませんでした。社会主義者を弾圧する法律を制定する一方で災害保険・健康保険・老齢年金など社会保障制度を整備するなどの「飴と鞭」政策をとった、プロイセンの宰相ビスマルクは、体制維持のために「飴」を用意したわけです。資本主義の矛盾が激化し、エンゲルスの『イギリスにおける労働者階級の状態』（＝浜林訳［2000］）がえがきだしたようなスラム化が社会問題化していたイングランドが、社会福祉制度の先頭にたっていたことは、有名です。社会民主主義にたつイギリス労働党が、第二次世界大戦後「ゆりかごから墓場まで（from the cradle to the grave）」とか「子宮から墓場まで（from womb to tomb）」をスローガンにした伝統も、この系譜と理解できます。

　しかし、北欧など社会民主主義的体制を必死に維持しようとする地域もある一方で、各国政府の財政難が深刻化すると、アングロサクソン系の「小さな政府」論が支配的風潮となってきました。「金欠なのだから（過去のムダづかいで貯金がないし、不況で税収もみこめないのだから）ガマンするしかない」という論理は、一見きわめて説得的にきこえるからです。実際には、事実上「聖域」化している部門予算があり、それらとの財政学的な優先順位は微妙なのですが、たとえば、「安全保障費は不可侵」といった議会内での圧力がつよければ、少々の削減はあっても大胆な削減の構想は浮上しないでしょう。

3. 知の回路

「財政再建」の圧力は教育や福祉など、相対的弱者にしわよせがいきやすいことも、つけくわえておきましょう。たとえば「少子化」が問題化しているのに、つい最近では「子ども手当て」の支給額や対象家庭がユレうごいたなどは、結局育児世代の財政支援など、優先順位がたかくなかったことを象徴しているでしょう。

優勝劣敗原則は貫徹されない

そもそも人間社会にかぎりませんが、「常識」とはちがって、優勝劣敗が終始貫徹されることはありません。乳幼児はつねに弱者だし、高齢者や女性は確率的に弱者になりがちですが、だからといって、「弱者はみすてる」「ユトリがないからしんでしまえ」にはなりません。乳幼児や女性に「優勝劣敗」原理が常時作動しているなら人類はすぐさま絶滅していたはずです。つまり、社会の大半は、差別はあれども基本的に互助的だし、弱者救済のシステムをかかえてきました。近現代における福祉社会なら、なおのことです。

最近では、障害者の心身の限界（impairment）が障害者問題の本質ではなく、心身の課題をサポートしきれない技術・社会が無力さ（disability）をもたらすことこそ、「障害」の根本原因なのだと、障害学（Disability Studies）という社会学の隣接分野があきらかにしてきました。そして、この当事者の心身の課題をサポートしきれない技術・社会が無力さ（disability）をもたらすことこそ、「障害」の根本なのだという構図は、未成年・女性・高齢者・経済弱者・性的少数派・民族的少数派など、あらゆる相対的弱者にあてはまるでしょう。急死する戦士以外は傷病期や高齢期をもち、そして、戦士にも乳幼児期という無力な時代が不可欠だったように、弱者にならない人物などありえず、その意味では、社会保障の不充分さは、「ひとごと」ではありません。そもそも、国内外のリスクはあくまで「危険性」

にすぎず、かならず来襲するものではありません。一方、弱者をかかえない社会などありえません。福祉予算を国防費などよりも当然のように軽視する政治姿勢は、以上のような意味で本末転倒です。

　もともと社会福祉とは、複製技術によって社会が富裕化したからこそ、くふうと充実が可能になった、現代社会の果実です。そして失業者として不遇な層を雇用する巨大な市場としても、学習環境（学校・図書館・カルチャーセンター・学習サークルなど）とならんで、「うけざら」としてさまざまな希望をみいだせる空間のはずです。だからこそ、単にビジネスチャンスだとか「官僚の天下り先」といった次元でなく、英知の結集が必要でしょう。

回路②産業社会の動態：産業革命／グローバリゼーション／マクドナルド化

　前節でとりあげた問題群が、「自由」とその「結果」という因果連鎖、複雑な相互作用をめぐる現象系だとすれば、もうひとつかんがえるべき問題系があります。それは、「技術革新」とそれを加速化する「競争原理」という問題系です。

「技術革新」——人口増加と輸送速度

　「技術革新」のもっともわかりやすい指標は、人口の増加と輸送速度でしょう。国連人口基金東京事務所の「世界人口の推移（推計）」（http://www.unfpa.or.jp/p_graph/）をみてみれば、2011年突破したという世界人口70億人という水準は、実は、ここ数十年の急増で達成されたことがわかります。60億人（1998年）← 50億人（1987年）← 25億人（1950年）という解説がついていますが、10億人突破は

19世紀初頭（西暦1800年直後）のようです。つまり、世界の人類は、200年で7倍にもなってしまいました。一説によれば、1億人に到達したのが約4500年まえだとか。ここ200年、とりわけ50年強で人口爆発したことがわかります。こうした急増をささえたのが、農牧業の驚異的な生産力向上であることは、あきらかです。乳児死亡率をさげる衛生・医療水準も、充分栄養がとれてのことなのですから。

人口史的に世界史全体を乱暴にとらえるなら、①農牧をはじめても狩猟採集生活時代とくらべて爆発的人口増加にはいたらなかった。②穀物収穫を強大な権力で支配した古代文明期にも、都市が形成されただけだった。③近代期に農牧水産業が革命的にかわった。④20世紀以降、とりわけ20世紀後半から21世紀にかけては人口爆発が発生し、現在も進行中。……こんな感じでしょう。

輸送力も同様です。たとえば日本列島で近世期の最速だったとかんがえられる「継飛脚（ツギビキャク）」は、江戸（東京）―大坂（大阪）間、約540kmを約3日でとどけたようですから、たかだか平均毎時7.5kmにすぎません（1763年のケース。「江戸時代の通信」逓信総合博物館「郵政資料館」）。街道での人身事故などをさけ平均速度を維持するためには、人力走行の飛脚がリレーするしかなくて、長距離をこの数倍の平均速度で維持することは不可能だったでしょう。モンゴル帝国の軽装騎兵が1日70km走破できた程度で驚異的行軍速度とみなされた歴史的事実も象徴的です。

しかし、1820年代にスティーブンスンらが蒸気機関車を実用化し、やがて数十トンを平均時速数十kmで輸送する列車が運行。一馬力がおおよそ75kgの物体を毎秒1mはこぶ仕事率だったのですから驚異的な輸送力です。過去には大騎馬軍団でさえ数百頭動員する程度で重装備での高速行軍などできなかった。現在では在来特急程度でさえ1便で数百人を時速100kmで長距離輸送、高速鉄道と

なれば、時速200km超があたりまえという時代になりました。蒸気機関車からディーゼル車をへて電車、高速鉄道と、鉄道史だけおっても、その進展はめまぐるしいのですが、人口増と同様19世紀からの200年弱が輸送史を革命的にかえたといえそうです。

　さらに、20世紀が自動車の時代であり、かつ飛行機の時代でもあったことは、いまさらいうまでもないことです（マイク・フェザーストンほか[2010]、ジョン・アーリ[2006]、生井英考(イクイ・エーコー)[2006]など参照）。一度に数人〜千数百人を高速ではこぶ大小の輸送機関が世界中を縦横無尽(ジューオームジン)にはしり、とびかうようになりました。また、高速とはいえないものの、原油等を何十万トンも輸送できるタンカー／パイプラインも、巨大な輸送力であることには、ちがいがありません。

農業・畜産業・水産業の工業化

　これらは、どのようにして可能になったのか？　単純にいえば、工業技術の進展であり、それをつきうごかした市場競争のたまものです。輸送技術をささえたのが工業技術の驚異的進歩だったことは容易に理解されるでしょうが、穀物生産や動物性タンパク質の出荷量急増を可能にしたのも、実は工業技術の長足の進展と農業・畜産業・水産業の「工業化」だったのです。

　日本列島にかぎっても、近世期まで飢饉(キキン)はしばしばおそってくるものでした。濃霧・噴煙による日射不足や寒冷化による冷害、水不足。営々とした努力が蓄積されていたにもかかわらず、近世期までの農村部では米飯が日常食とはいいがたく、イネは城下町に収奪され、大坂の市場でうりさばかれるものだったのです（ですから、飢饉は最初に農村部を直撃し、城下町の町民たちが餓死するといったケースはマレだったようです）。それらが致命的な飢餓につながらないようになったのは、農作物の改良や化学肥料、用水路・農業用くみあげポンプ

3. 知の回路

などの充実でした。20世紀にはいっても、日本列島は、これら農業の工業化がすすんでいなかったため、一時凶作はありました。しかし、農村の苦境の大半は、生産力不足よりも、コメ／カイコの暴落（コメなら豊作貧乏）の悲劇だったのです。第二次世界大戦後、農村は大量の人材を都市部におくりだすとともに、機械化による省力化をすすめましたが、戦後凶作による飢饉などは皆無です。敗戦後の飢餓とは、都市部の住民の一時的状況でした。そして、近年のコメ農家や農協・農政の課題のひとつは、過剰生産にしないことでした。

　畜産業でも養鶏業などの生産・出荷の変化をみると、「工業化」の驚異的な影響がよくわかります。明治期以来徐々に、戦後は急速にすすんだ食文化の洋風化。その前史としての近世期は、鶏卵(ケーラン)は計画的生産ではなさそうです。ニワトリの主要な用途は、よあけをしらせること。食用卵・トリ肉は、ウズラ・アヒルなど野生種を狩猟採取していました。しかし、鶏卵をつかった料理・菓子が流入すると、都市部を中心に鶏卵が市場むけに生産・出荷されるようになります。鶏卵・鶏肉を大量生産できるよう急成長した戦後の養鶏場は、まさに工場的空間です。エサはミミズ・野草のような生物ではなくなり、抗生物質などをまぜた配合飼料に、はなしがいではなくワイヤーでできたバタリーケージなどになりました。ケガ防止のためクチバシをきりとり、休産期にはいらないよう絶食などにより栄養不足においこみ、強制的に羽毛をはえかわらせるとか、徹底的に「産む機械」へと管理された採卵用白色レグホンの境遇。1㎡当たり16羽前後の過密さで40-50日で成鳥へと肥育し2キロほどの肉さえ生産するブロイラー。養鶏空間は、まさに個体に飼料をそそぎこんで鶏卵・鶏肉へと生産させる巨大装置へと変貌をとげたのです。水産物の養殖や水耕栽培なども徹底ぶりの大小の差があるだけです。

　農林水産業にさきだって「工場化」がすすんだ領域では、一部の

企業家は現在の家電量販店のような薄利多売を理想としていました。現在の「パナソニック」の創業者松下幸之助は、フォード社の生産方式と天理教の奉仕活動にヒントをえたとされる「水道哲学」をとなえました（ルビは、適当に追加）。

> 産業人の使命は貧乏の克服である。その為には、物資の生産に次ぐ生産を以（も）って、富を増大しなければならない。水道の水は価（アタイ）有る物であるが、通行人が之（コレ）を飲んでも咎（トガ）められない。それは量が多く、価格が余りにも安いからである。産業人の使命も、水道の水の如（ゴト）く、物資を無尽蔵たらしめ、無代（ムダイ）に等しい価格で提供する事にある。それによって、人生に幸福を齎（モタラ）し、この世に楽土を建設する事が出来るのである。松下電器の真使命も亦（マタ）その点に在る。

（松下電器製作所第 1 回創業記念式社主告示）

複製技術

　ことのよしあしはともかく、鶏卵の物価水準や 100 円ショップほかでの驚異的な廉価販売＝「水道哲学」は、技術革新による工場制大量生産が相当程度実現させたことになります。

　ちなみに、「水道哲学」のような理念をささえた「技術革新」がなぜ可能になったのかといえば、もちろん「複製技術」がつぎつぎ発見されたからです。複製技術はもちろん近代以前からしられていただけでなく、かなりの程度実用化もされてきたし、実際、古代文明はもちろん、人間の文化の大半は複製技術を基盤にしているといっても過言ではありません。穀物をはじめとした育種・品種改良技法、家畜・ペットをはじめとするブリーディング・養殖、衣食住関連の生活文化をささえる各種パターン、そしてなにより、かきことばと

3. 知の回路

その基盤としてのはなしことば……。これらはすべて複製技術のたまもの[23]で、これらなしには、ヒトは毎回いちから「発明」「創意くふう」をせまられるでしょう。かなりの程度、定型化し、だからこそほとんど無意識に完成一歩てまえまですすめられる「段どり」「手順」と、その記憶（個々人・集団内部での）こそ、思考・労力・資源の浪費をさける素材なのです[24]。

オートメーション化

しかし、機械制工場生産、とりわけオートメーションは、現代的な大量生産と薄利多売を可能にした原動力でした。それは、技術史家の中岡哲郎さんが整理したとおり各界の熟練技能＝個人技を解析

---

[23] 1つぶのタネもみが、収穫期には300〜400つぶのコメへと「複製」されるとか、ブタが1度に十数頭出産するとか、そういった動植物の世代交代自体が、基本的に拡大再生産原理にそっています（擬人的にいえば、死滅リスクに対する遺伝子の「基本戦略」）。動植物の繁殖・栽培技術は、より良質な生命体（人類のつごうにあわせてですが）を、より大量にうみだそうという改善運動（トリミング・コピー）をはらんでいます。かりに改善が実現しなくても、過去とおなじ成果を現在もたらすことを前提にしているわけで、過去の繁殖・栽培の再生産になっています。

これら複製技術の伝統は、食糧生産だけではありません。繊維の調達、布地の調達、文様など意匠(イショー)ほか、服飾文化しかり。建材の調達、工具の調達、建築様式ほか、住宅文化しかり。伝統や流行など、参照すべき先例の複製を無視した完全な発明・独自性などありえません。言語現象を、複数の人間間での意思疎通とみなすなら、それは過去の言語現象の複製部分が大半をしめるし、完全な発明・独自性などありえません。

[24] ちなみに、複製技術を合理的に展開するためには、のちの議論ともかさなりますが、コピー可能な条件として、数量化をともなう標準化が徹底される必要がありました。ヨーロッパ帝国主義の前史としての歴史的考察としては、クロスビー［2003］。近現代の標準化過程については、橋本毅彦［2002］など参照。

し、複製可能な程度にまで徹底解体してしまうシステムでした（中岡哲郎［1970］）。複製可能性によって熟練工は不要になり、熟練工を確保するための賃金水準も、新人が名工へとそだつまでにかかる時間と育成費用（広義の賃金）もカット可能になりました。熟練工をクビにして、非熟練の若年労働力をつかいすてにできる。熟練工を不要化するシステムとは、労働現場の省力化で労働者の心身が気楽になるのではなくて、一定時間自動運転をやめない機械のペースに労働者の心身が適応させられ労働力を収奪される体制なのでした。かりに、技量・腕力などが全然不要になった労働現場にしても、計器類が異状をしめさないか、ながれる完成品にキズがないか、それら監視労働は「機械の子守」役です。なにより、長時間、瞬間的な柔軟性を要請される一方、個人の創意くふうは不要化され、ただた、緊張感と徒労感をたえしのぶという苦役が延々つづくのでした。

　中岡さんは、製品開発や企画・営業とか、ごくわずかな職種・職階にしか労働者の裁量の余地はなく、しばしば研究職のようなポストでも、巨大機械に知識を依存させられる弱者へとおいこまれると指摘しました。実際、研修過程など、新人や中間管理職の能力開発という教育的な時間・空間もシステム化されて、マニュアルにそったコスト軽減重視の画一的なプロセスに変容していくなら、育成過程自体かぎりなく「機械化＝非人間化」していきます。徹底的な薄利多売によって、資本家・投資家・消費者に莫大な利益をもたらすシステム。のちにとりあげる、「マクドナルド化」というサービス産業で進行中の構造は、まずは機械制工場生産で完成され、現代資本主義的な生産・消費システムを用意したのでした。そして、それは、中岡さんも指摘するとおり、マルクスら、労働者おもいの経済学者までも負の側面をみおとした、「もろはのつるぎ」でした。「水道哲学」は消費者には福音（フクイン）ですが、徹底的に労働現場を収奪し、どんど

ん非人間的な時間・空間へとおいこむ宿命をおびていたからです。

　要するに、これらの劇的な変貌(ヘンボー)は、単に「水道哲学」のような「博愛精神」による技術革新だけでは、達成されなかったわけです。やはり、資本主義経済市場という、プレイヤー全員に競争をしいるシステムなしには、おこりえなかったはずです。それは、軍事拡張・宇宙開発競争で科学技術上超大国アメリカと対峙(タイジ)したにもかかわらず、国民大衆の生活水準をあげられずに自壊していった旧ソビエト連邦をみれば、よくわかります（「だから資本主義市場は、幸福の不可欠の基盤」などといいたいのではありません）。

　客引きのためのスーパーの赤字覚悟の商戦の一環とはいえ、1個10円未満の鶏卵が実在するとか、人件費や輸送費・保管費などがどこから捻出(ネンシュツ)されるのか理解しがたい100円ショップの商品群などが、どうして誕生したか？　それは、薄利多売商品以外にはサイフをゆるめない消費者集団。それら消費市場をとりあう熾烈(シレツ)な競争をくりかえす業者群。これら需給関係がもたらしたのです。

　多国籍企業はもちろん、各国政府が巨額の資本を投下して新技術を開発しようとし、大学・研究所が新発見をきそいあうのも、こういった「消費者」主導の巨大市場にみはなされると、一挙に経済的地位をすべりおち、各領域での覇権をうしなうという恐怖感が支配しているからでしょう。

グローバリゼーション（グローバル化）

　ところで、近代初期でさえ、オランダでチューリップの投機バブルと崩壊（1637年）があったなど、投機市場のようなものが発生していました[25]。しかし、20世紀後半以降の市場競争は、国境線をこ

25　オランダ黄金時代（17世紀）とよばれる絶頂期に発生した、チューリップ

えた億単位の大衆をまきこんだ巨大なうねりとなりました。それが、グローバリゼーションという現象の最近の動向の一面です（ジョン・トムリンソン［1997］、［2000］、金子勇・長谷川公一編［2008］）。

ちなみに、グローバリゼーションという表現自体は、冷戦構造の崩壊以降（≒ソ連解体後）の10年ぐらいで定着したようです。しかし、表現がつかわれだしたのは1970年代であり、しかも起源はなんと大航海時代（15世紀なかば～17世紀なかば）にまでさかのぼれるといわれています。ことの重大さ・巨大さが明白になった冷戦崩壊までに数百年の「前史」があり、西欧による植民地化が開始し、奴隷交易もふくめて暴力的輸送や貿易会社が成立した時代に、最近の劇的流動の「序章」はすでにはじまっていたらしいと。

もちろん、大航海時代から冷戦以降の最近までの世界情勢は、時代ごと地域ごとに全然ちがいます。海賊的な行為をやり放題だった少数の西欧諸国が世界各地に植民しはじめた時代と、奴隷売買などがタテマエ上否定され、各種市場と200ちかい国家が加盟する種々の国際機関が秩序を維持しようとしている国際社会とでは、存立基盤と秩序原理が全然異質でしょう。

確実にいえること。それは、ひとびとが「外部」と無関係で自足的な空間にとどまれなくなっていく過程、日常の生活文化をふくめて社会環境がよくもわるくも「日進月歩」でかわってしまう動態。世

球根（オスマン帝国からの輸入）の投機による高騰と1637年におきた相場崩壊のこと。世界最初のバブル経済事件ともいわれています。ピーク時には高級品種の球根1個と邸宅が交換されたともいわれています。チューリップ・バブルのばあいは、居酒屋でとりひきがおこなわれたなど、公式の取引所などと無縁な投機ブームでしたが、幕藩体制期、全国の年貢米があつまった大坂の堂島米会所(ドージマコメカイショ)では、先物取引市場が成立するほど整備されていました。

3. 知の回路

界的なうねりがしのびよってきて、日常を徐々に、ときに劇的にかえてしまう。要は「周囲がほうっておいてくれない」世界が進行中なのです。たとえば100年まえと大差ない食材と料理法ですませている人口は、いまだに何億人もいるでしょうし、その居住空間は広大でしょう。しかし、その人口や経済規模は、世界人口・経済のなかでどんどん比率をちいさくしているとおもわれます。世界人口の大半は、衣食住全般で、近年おおきな変化をこうむり、いわゆる伝統的生活様式をつづけてはいません[26]。

まげをゆうのが力士の伝統的ヘアスタイルであるというなら、スポーツとしてのアマチュア相撲の選手たちは「伝統」をまもっていないことになります（新田一郎［1994］pp.310-1）。八百長疑惑や野球賭博疑惑で「国技」かどうかが、うんぬんされた大相撲。しかし、2000年3月に横綱若乃花が引退してから17年間、日本うまれの横綱はうまれず、期待をあつめて昇進した稀勢の里も、わずか2年たらずで引退においこまれたという現実（2019年2月現在）は、アメ

---

26 その意味では、中日米などの文化を在来文化にまぜこぜにした複合性を「チャンプルー文化」としてとらえる沖縄のような地域もあります。そう主張したい経緯は、たとえば米軍統治がなければ誕生しなかっただろう、ポークチャンプルー（ポークランチョンミートいり）とかタコライス（メキシコ料理タコスを白米のうえにのせた軽食）などをみれば、理解できなくはありません。しかし、それこそ数百年のグローバル化のなかで世界各地で「まぜこぜ」文化は大量に誕生してきました。日本列島周辺でも、インド周辺→大英帝国→日本と伝播してきたスパイス文化が、たとえば、「ポークかつカレー」や「カレードーナツ」になったり、最近なら、社会学者の郭基煥さんが指摘するように、もっと大胆なとりあわせである「納豆キムチピザ」みたいなものまで誕生しています（西原和久・油井清光編［2010］p.254、p.257）。「チャンプルー」のような複合性は、特殊沖縄的な現象ではなく、グローバリゼーションという動向の普遍的現実です（ましこ［2008］pp.94-5）。

リカ由来のベースボールやバスケットボール以上に、日本のスポーツ界で国際化した空間といえるはずです。もはや「外国人」ぬきに興行が成立しない（人気が急落する）のは、野球／バスケのリーグ戦ではなく、大相撲かもしれません。そして、こうした文化や人材の流入が、最近だけの動向のはずがありません。漱石らがまなんだ帝国大学の教師陣とは、「お雇い外国人」でしたし、蘭学の師匠（シショー）は、海禁体制下におけるオランダ人やドイツ人（たとえばシーボルト）でした。

またひくい食料自給率（農林水産省「食料自給率とは」http://www.maff.go.jp/j/zyukyu/zikyu_ritu/011.html）が安全保障問題として以前から話題化してきました。実際経済先進地域が世界中から膨大な食材を経済力にあかせてかきあつめている状態は、生産地に依存しつつ経済力で支配している不均衡／不平等という意味でも異様です。たとえば大量の食料が外貨獲得のために国外へと流出するのに、生産地周辺には購買力のない飢餓難民が多数存在しています。

しかし、グローバリゼーションが進行中の世界では、自給率100％ちかい国家は例外的少数のはずです。「例えば、スーパーで売っているお寿司や回転寿司にのっている"ネタ"には、マグロ、タコ、ヒラメ（エンガワ）、エビ、ウニやイクラなど多くの種類の魚が使われています。これらのなかで国産魚は、ヒラメ（養殖）くらいで、そのほかはすべて外国から輸入されています。日本人は、1970年代までは日本の近海で獲れるアジやサバ、イカなどをたくさん食べていましたが、現在では大半を輸入に頼っているマグロを一番多く食べています」（農林水産技術会議事務局研究専門官大村裕治「国産魚をもっと食べよう！」）という指摘は、2009年時点での総括です。しかし、「近海で獲れるアジやサバ、イカ」だって輸入量を無視できるものではないようですし、子持ちシシャモの代用魚の相当数を輸入カラフ

3. 知の回路

トシシャモがほとんどをしめているなどは、魚肉食国民として有数の日本人の食卓・外食の多国籍化＝実態を象徴的にものがたっているでしょう。近年クジラ漁やイルカ漁をオーストラリア・欧米諸国からせめられたことが話題化していますが、多国籍化する食材という現状のなかでは、ほとんどの日本人消費者にとってホントはどうでもいい問題でしょう。

グッズ（goods）・バッズ（bads）の大量高速移動

　移動したのは、もちろん文化や人材だけではありません。コレラやインフルエンザなど細菌・ウィルスをふくめた各種病原体、金銀など金属ほか各種地下資源や廃棄物、酸性雨や放射性物質など大気・水分の循環にともなう大量の廃棄物、農産物・畜産物の生産に要した水分（「仮想水」）[27]、麻薬など薬物（「麻薬戦争」「黄金の三角地帯」「黄金の三日月地帯」など）……。おもいものから、かるいものまで、みえるものから、みえないものまで、有益なものから有害なものまで、ありとあらゆるグッズ（goods）／バッズ（bads）が高速鉄道や航空機、大型船舶によって輸送され、ヒト／モノほか、おびただしい生物／静物が地表周辺をかけめぐっています。インターネット経由の膨大な情報が瞬時に世界をかけめぐり、検索エンジンロボットの登場により一定期間以上維持されたウェブページの大半が半永久的に利用・複写可能な状態の情報として蓄積されているのです。

　これら、大気・水流の自然循環や動植物の渡り・回遊・漂流など以外の（＝人為的な）万物・情報の大量高速移動。それをもとにした

27　仮想水（virtual water）とは、おもに農産物・畜産物の生産に要した水の量を、農産物・畜産物の輸出入時に無自覚に売買しているという把握のこと。砂漠の産油国などは、大量輸入。

地球規模（地表と海面の周辺、平均海水面±20キロ程度ですが）でのたえまない変動過程が、近年無視できないため、「グローバリゼーション」という表現が現在定着しつつあります。これら無数の現象のうちやはり特徴的とみられているのは、多国籍企業から個人・小集団の越境的活動とその産物でしょう。英語・ドル・航空機・インターネットなど、おもにアメリカ発の手段を介して、たとえば、膨大なヒト／商品／情報が国境や言語境界をのりこえます。そういった構造を前提にした生産・消費・廃棄が、やはり大量に高速でくりかえされています。すでに例示した酸性雨や放射性物質など、意図されない拡散もありますが、「グローバリゼーション」という表現がおもにしめしているのは、ひとびとが（一応）主体的に判断し取捨選択した行動と結果が集積し、政治経済的・文化的に、既存の境界線がやすやすとのりこえられている現実です。

　マクドナルドなど外食産業やディズニーランド等で実際に展開されるサービスが現地むけに少々アレンジされることはあっても、基本的には、マニュアルが現地語へと翻訳されるとか、本部からの通訳つき指導以外、世界中で、同質のサービスが提供されるようになる。ディズニーアニメやジャパニメーションやマンガなどが、翻訳・ふきかえ等を介して世界中に配信される。インターネットを介して、さまざまな動画が発信され世界中で視聴される。「カワイイ」ギャル系ファッション＋メイクが、東南アジアや欧米に、男女のファンを誕生させ、コピーや「萌え」現象を発生させる。新車の現地工場が多国籍企業によって展開され世界各地で生産・消費がなされるだけでなく、「廃車」まで輸出されて、世界各地で中古車として「再出発」する。ある球界で事実上「現役」生活をおえたはずの選手が引退せず、外国球界で「現役」生活を再開させる。逆に、「先進」地域のプロリーグに参入すべく、球技や格闘技の選手たちが世界各

地から「帝国」へと大量参集する。観光客誘致はもちろん、これら労働力の誘致、研修生・留学生を政策的に誘致する諸国。売買春や臓器売買目的の出入国。……これら諸現象はかなり可視的で「国際化」を意識させるものばかりです（真田ほか[2005]、桂木ほか[2003]、植田ほか[2011]、野呂ほか[2009]、安田[2011]、駒井[2006]、アルトマン[2005]、梁[2002]など）。

軍事関係者・被災者の大量移動

　ところで、グローバリゼーションといううねりのなかで、印象にのこるのは、以上のべたような、タレント／アスリートなど芸能／スポーツ関係者や、ビジネス／学術／教育／研修などの関係者の移動、そして観光関連による移動でしょう。しかし、みおとされている、巨大な「人材交流」があります。それは、駐留・自然災害・戦災などにともなう軍事関係者や被災者の大量移動です。沖縄戦後の沖縄島・伊江島におけるアメリカ海兵隊の大量駐留は近年ようやく有名になりましたが、「日本国との平和条約」（サンフランシスコ講和条約）の発効で独立状態をとりもどすまで（～1952年4月28日）は、敗戦後の日本列島全域に一時40万人以上も多国籍軍が駐留していました。現在でも（多国籍軍といいながら、その主力の大半を米軍がしめるとはいえ）タリバーン政権崩壊後のアフガニスタンや、サダム・フセイン体制崩壊後のイラクに、戦後秩序を構築しようという大義名分のもと、大量の多国籍軍が駐留してきた（双方とも10万人をおおきくこえた動員）ことも、みのがせません。

　ところで、アメリカ国民は「9・11同時多発テロ」のいわれなき被害者だというアイデンティティ（自画像）から解放されていないよ

うです[28]。しかし、アフガニスタン／イラクの両地域だけにかぎっても、「戦闘終結」後に、軍民あわせて10万人におさまらない膨大な犠牲者をだしていることでもわかるとおり、混乱は侵攻以前よりふかまった、というのが正直なところでしょう。犠牲者の背後には、何倍もの傷病者がいるはずで、現地の医療スタッフ等が絶対的に不足しているのは、もちろんです。有名な「国境なき医師団」をはじめとして無数のNGO／NPOが、アフガニスタン／イラクはもとより、医療にとどまらないサポート活動を展開してきました。砂漠地帯をいききしてきた隊商などはともかくとして、大都市以外に、戦闘と戦後処理を軸に多数の来訪者が流入するというのは、前代未聞の体験だったにちがいありません。このようにかんがえると、大都市や観光都市以外でも外来者がすくなからず来訪するという現象が例外でなくなったことが、グローバリゼーションの特徴でしょう。

ちなみに、万単位で大量の将兵・関係者・避難民が長期にわたってうごく状況は、東アジアでは、朝鮮半島周辺での日清戦争（1894-5年）ごろにはじまり、カンボジア内戦（1970-93年）ぐらいま

---

28 アメリカの国際政治学者チャルマーズ・ジョンソンなどは、"Blowback: the Costs and Consequences of American Empire"（鈴木主税訳『アメリカ帝国への報復』、2000年）というアメリカ批判で、国際社会への帝国主義的関与が「発砲の反動」「逆流」のような事態をもたらすと予言していました。事実、アメリカ同時多発テロという惨劇がおきてしまいました（2001年9月11日）。いわれなき攻撃をうけたという米国民の大半の「自画像」は、みずからの加害者性への無自覚、米国民にだけ死角にはいったままの大量の被害者への無知の産物でしょう。「テロリズムは必要悪」といった虚無的な容認論にはたちませんが、「テロリズムは絶対悪」といった「正論」をはく人物のよってたつ基盤・利害には、注意したいものです。テロリズムというかたちでの「報復」に対する日米国民の感情については、ましこ［2002］pp.162-5。

3. 知の回路

で、各地で断続的につづきました。20世紀は世界史上空前の戦争の世紀とよばれましたが、東アジアでも一世紀にわたって、国境線をまたいだ大紛争が陸続とくりかえされたことになります。戦争は最大の消耗であると同時に、最大の環境破壊といわれますが、人員・物資・情報が大量動員され、大量消費され、大量放棄されたのです。

グローバル化がたまたま拡散させたマクドナルド化

しかし、これら大量移動の産物で、経済・文化的な次元にとどまらない、社会全体への変動をもたらしたものの象徴といえるのは、マクドナルドなどサービス産業が世界展開したことによる労働・消費スタイルの変容ではないでしょうか？　これら現象群に共通する構造を総称して、アメリカの社会学者は「マクドナルド化(McDonaldization)」となづけました（ジョージ・リッツア［2008］）。

リッツアは、1世紀ほどまえのドイツの社会科学者（社会学／政治学／経済学／歴史学／宗教学）、マックス・ウェーバー（ヴェーバー）が指摘・概念化した「合理化」が経営・消費に究極まで追求された結果で世界各地で現在進行中の現象だとしました。ハンバーガーを軸としたファストフード・チェーンの代表的存在マクドナルドですが、そのもたらした変革は、ファストフード・チェーンにとどまらず、また意図的コピーにとどまらず、公／私や営利／非営利にかかわらず、普遍的に作用しつづけていると、のべています。「効率性」(Efficiency)／「計算可能性」(Calculability)／「予測可能性」(Predictability)／「制御」(Control)という4つの側面（相互にカブりがありますが）で合理的なので、競合している組織同士は、合理化競争ゲームからおりられないことになります（たとえばスーパー／生協間はもちろん、公立病院／私立病院間でも）。利用者も大半は「効率性」「計算可能性」「予測可能性」「制御」を当然視するようにかわり、

サービス組織に要求水準をどんどんあげていくので、学習塾や資格試験予備校ばかりでなく幼稚園から大学院までの公教育機関もマクドナルド化していきます。入試はもちろん、期末試験もマークシート化がすすむ。10人前後の演習や語学授業をささえるために、100人をこえる大教室における一斉授業が一般化する。労働力が外部調達されるのは、清掃サービスやスクールバス、食堂・購買部ばかりでなく、非常勤講師による多数の講義はもちろん、派遣業者経由の窓口担当者など、利用者たちは、だれが大学の常勤職員でありまた教授たちなのか全然わからないことになります。

　インターネットやケータイなど、情報処理・伝達技術の劇的進展も社会を激変させているといえるでしょう。しかし、それら情報機器は、すべてが家庭電化製品ほどの簡便さにはたどりついていません（いろいろ知識・てつづきが必要で、高齢者を中心につかいこなせない大量人口）。むしろ、社会を根底からかえているのは、表面的な情報機器ではなく、あらゆる電子技術をささえるコンピューターの記憶・計算能力でしょうし、それらを総動員した、旅客をはじめとした高速大量移動の可能な、グローバル化した輸送システムでしょう（高速鉄道・航空機・大型トラック・輸送船……）。そして、それらを総動員して巨大なうねりとして進行中なのがマクドナルド化なのです。

　なにしろ、世界中から「最適」の素材を動員し、大消費地の消費動向を決定的に規定してしまっているサービス提供・消費システムは、グローバル化した輸送システムはもちろん、それを最大効率で運営するためのコンピューターの記憶・計算能力も動員しているからです。「効率性」「計算可能性」「予測可能性」「制御」の４条件を追求するために、既存の諸力は、すべてつまみぐいされています。

　マクドナルド化の負の側面をあばいた中心人物をひとりあげろといわれれば、アメリカのジャーナリスト、エリック・シュローサーと

3.　知の回路

いうことになるでしょう。映画化(『ファーストフード・ネイション』)もされたベストセラー『ファストフードが世界を食いつくす』をはじめとして、実態を痛烈に批判してきました(シュローサー＝楡井浩一訳[2001])。しかし、マクドナルド化はすでにのべたとおり、外食チェーンだけの問題にとどまらない、現代資本主義の普遍的法則ともいうべき側面です。たとえば、コンビニ(コンビニにかぎらず、現在の消費資本主義全体の本質を解析したものとしては、松原隆一郎[2000]など)は、いわゆる「2・8の法則」(パレートの法則)にそって、うれすじではない商品を店舗から徹底的に排除すること、POSシステム(point of sale system、販売時点情報管理)によって来店客の属性や購買動向を統計学的に本部へフィードバックさせるなど、「効率性」「計算可能性」「予測可能性」「制御」を究極まで追求しました。実際、弁当をはじめとする冷温さまざまなファストフードを提供することで、ファストフード・チェーンと商戦上競合してきました。

　その意味では、流通という側面からマクドナルド化をやさしく解説したものとして、『コンビニ弁当16万キロの旅——食べものが世界を変えている』(千葉保監修[2005])があります。コンビニ経営のなかで無視できない存在をしめる弁当の生産・流通・消費がどういうふうに維持されているのか、コスト面や店長など経営サイドの苦悩や、フードマイレージ[29]／バーチャルウォーター(仮想水、p.80 脚注27)など、グローバル化する食材動員がかかえる深刻な問題を、小学生でもわかるように解明してくれます。マクドナルド化の光と

29　フードマイレージとは、食糧の輸送にともなう二酸化炭素排出があたえる環境負荷に着目して、「食料の(= food)輸送距離(= mileage)」という意味。食料輸入量重量×輸送距離(トン・キロメートルなど)として、比較可能になるもの。

影を具体的に把握するための必読書といえそうです。

また、こういったグローバル化のなかでの消費生活に深刻な反省をもたらす運動例として、ボイル［2011］『ぼくはお金を使わずに生きることにした』は必読です。家賃・地代・電気代・水道代……ありとあらゆる金銭的出費を0におさえた1年間の「ゆたかな」サバイバル体験は、われわれがとらわれている消費イデオロギーの欺瞞性をみごとにあばいています。

リッツァはファストフードや大規模店、学校・医療現場などでのセルフサービスを問題視して、客をはたらかせるとマクドナルド化を特徴づけていますが、「効率性」「計算可能性」「予測可能性」「制御」の4条件を追求するためには、客を店舗のカウンターなどまで動員することが必要不可欠でしょうか？　いえ。ピザや書籍の宅配システム（鷲巣力［2006］）は、まさにマクドナルド的サービスです。客を徒歩や乗用車でカウンターまでやってこさせはせず、客の自宅等に配達する、かなり人件費がかかるサービスであるとはいえ、充分「効率性」「計算可能性」「予測可能性」「制御」の4条件が追求できるビジネスモデルだからです。つまり、アマゾンや宅配ピザは、デリバリー型のマクドナルド化といえそうです。

これら宅配型サービスの利用者は、店舗のカウンターまではいかず自宅などでまっています。しかし電話やファクス、ないしインターネットをとおした注文を、あてがわれたフォーマットに忠実にそっておこない、また基本的には宅配の到着をまちうけるという意味で間接的なセルフサービスをおこなわされていると、かんがえられます。店舗内でフォーマットにそった行動をとらされることと、自宅等で宅配をまちうけるのは一見対照的にみえますが、配達のための人件費や燃料費、輸送手段の減価償却費等をコストとして負担させられているという点では、マクドナルドなどの店舗で経験する

システムを自宅等で変形コピーしているという解釈が可能でしょう。モスバーガー「お届けサービス」を割増料金をだして利用する客は、来店し店舗のカウンターでメニュー表をみながら注文を確定する作業と同等の作業を電話でおこない、カウンターで商品をうけとって席にもどる、ないし食事する場へとはこぶ動作と同等の行為を、自宅のリビング／ダイニングと玄関のあいだでおこなうわけです。大規模店でセルフサービスで書籍を購入する客と、アマゾン等で注文し宅配便をうけとりパッケージからとりだす利用者の行為の同質性も、ファストフード店舗／宅配サービスの対比と同形です。

回路③優生思想とその周辺：血統意識／民族意識／国民意識

共同幻想としての血統意識

さて、イエスの誕生日（と信じられている）をいわったり、王族の誕生日をいわう群衆が参集したり、関心のない第三者からすれば、「なにがおめでたいの？」といったソボクな疑問が、うかぶものです。それは、科学上の大発見であれ、ワールドカップ／オリンピックなどでの優勝などであれ、どんな領域でもあてはまりますが、「そんなことどうでもいい……」という層が、少数であれ、かならずいることにめくばりしたいものです（第三者にとっては「どうでもいいこと」というのは、差別・無関心の対象など、実態はしばしば大問題です。しかし、スポーツや文化学術などの話題の大半は、関係者だけがあつくなっていて、関係者以外にとっては、実際「どうでもいいこと」といってさしつかえありません）。

それにしても、王族の結婚や、歌舞伎のおひろめ（御披露目）などは、「おめでたいはなし」として、メディアをにぎわせますが、こ

れらおまつりさわぎの基盤は、なんでしょう？　おそらく「特別なちすじ（血筋）のうまれ／そだちのひとびとの、栄光の人生の序曲」といったイメージかと、想像されます。「特別なひとたちの特別な日だから、二重に特別な日で、みんながよろこぶのがあたりまえの日」といったところでしょうか（日本国憲法のなかで、憲法9条以上に重要な論点というべき象徴天皇制の歴史的位置づけについては、赤坂憲雄［1990］など参照）。

　その一方で、「のろわれた一家」とか、「外国人」とか、さまざまな理由でみきらわれるひとびとがいます。「カースト制度」だの、「黒人差別」だのといった、異国の現象だけでなく、「朝鮮人差別」など、日本列島上のケースも、たくさんきいたことがあるでしょう。攻撃することをあたりまえとかんがえているひとびとは、「差別ではなく、区別だ」といったリクツで第三者からは攻撃にしかみえない、さまざまな「モラルハラスメント」（いじめ）や、暴力をふるいます。

　つまり、一部の個人的記念日が「みんなのおいわいの日」とされるような、特別にあがめられる集団と、その反対に犯罪をおかしたりしていないのに、いわれなき理由で、拒絶されている層もいます。

　これらは、みな、無意識のうちに「生物学的」「医学的」な根拠をもつような印象を共有しあうことで、かたられてきました。たとえば「混血」といった表現が典型例です。そもそも「混ざる」という概念が成立するためには、前提として「純血」が不可欠でしょう。しかし全人類に共通の祖先のうちの1名がアフリカにいたという「ミトコンドリア・イブ（Mitochondrial Eve）」仮説がまちがっていないなら、全人類みな「純血」ということになって、「混血」概念は崩壊するはずです[30]。そもそも「血統」とかいうけど、父子間では遺伝子

30　「アフリカ単一起源説」とよばれる仮説の基礎とされるモデル。自然人類

情報上の共通点しかなくて、血液とは全然無関係です。それどころか、母子でも、胎盤があいだに介在することで血液同士がまざることはないのです[31]。みんなもっともらしく科学的根拠をよそおった雑談をかわしてはいても、「血統」論のほとんどは疑似科学(池内了[2008]など)、いやニセ科学のたぐいだといえそうです。当然、「人種間には知能指数など優劣がある」だの、「高貴な家系」だのといった「血統上の優劣」論には、なんら科学的根拠がありません。

しかし、現実には、「タレントの△△は、ハーフでかっこいい」だの「〇〇は実は在日だ」といった話題は、延々とくりかえされます。「日本サッカーは、フィジカルな面での不利を戦術で克服するしかない」といった宿命論とか、「外国人枠は△名まで」といった規制も、みな「血統」論の産物です。本来「血統」とは関係なさそうな、「ユダヤ人天才論」[32]などまででる始末です。ひとびとにうけいれられている遺伝子決定論は国内外の人間集団の差(おもには各界のエリート)を生物学的に説明できた気にさせます。

もちろん、こういった「血統」意識は、貴族・武将らのあいだでは、近代以前からごく一般的でしたし、ヨーロッパなど動物の交配を徹底的に追求してきた文化圏ではDNAなどの遺伝子メカニズムが科学的に解明される以前から、ずっと経験主義的に、「実感」されて

学における分子系統解析の進展で、人類は14-20万年前に共通の祖先をもつことがわかってきているそうです。くわしくは、ましこ[2008]第1章。

31　母体と胎児の血液型がことなっていても「凝血(ギョーケツ)」がおきないのは、母体/胎児間の物質交換(酸素・栄養分・老廃物など)が血漿(ケッショー)を介しておこなわれているからです。

32　ユダヤ系のノーベル賞受賞者など歴史上の人物が人口比からして異常な確率で輩出したり、アメリカの有名大学の在籍者の比率が突出しているなどを総称したイメージ。

きた「実体」だったとおもわれます。しかし、ながれが決定的に転換したのは、やはりチャールズ・ダーウィンが「進化論」を発表し、それがニセ科学へとネジまげられていった「社会ダーウィニズム」の成立以降でしょう。それこそ、競馬用のサラブレッドや、血統書つきの犬種などを典型例として、能力・外見の遺伝子決定論が人間にも単純にあてはまるとおもわれるようになり、「混血」や「断種」が「人種改良」のためだと、まことしやかにかたられました。そのグロテスクなケースこそナチズムがおかした「ホロコースト」など、ユダヤ・ポーランド系住民や、障害者などの抹殺計画でした。日本でも、「らい予防法」や「優生保護法」など、慢性疾患や遺伝性疾患などの症例を抹殺していいかのような歴史的事実があり、対岸の火事ではありません。

在日コリアンや在日チャイニーズの2世・3世を外見から識別することは不可能です。第二次世界大戦末期に中国大陸にのこされた、いわゆる「残留日本人」を生育地の中国人と識別することもムリです。前者は日本語、後者は中国語をはなす住民としてそだち、はなしことば能力のインストールと生育地の生活文化がもたらすふんいきは、せなかあわせです（遺伝子的規定とは別で）。

同時に、日本列島上にくらす住民の地域差はともかくとしても、個人差はかなりおおきい印象でしょう。欧米人からみたときなど、「東アジア系」という、一般的イメージは実体としてあり、「人種的」特徴として、たとえば目の形や虹彩（黒目の部分）だとか、自分たちとの明確な差異は認識されているでしょう。しかし、おなじ「東アジア系」といっても、内部での多様性はすくなくとも個人差として事実あり、それを無視はできません。

そもそも、親族とは、ゆるやかな連続体だし、国際結婚にかぎらず、かなり異質な男女がカップルとなって2つの親族のむすびめと

して連続体をつなぐという、ツートーンの布地的な接合は、「民族」の内実が多様性のタペストリーなのだという事実をおしえてくれます（ましこ［2008］pp.93-5）。

「人種」「民族」？

それはともかく、ひとびとがソボクに「人種」だとか「民族」だとかの実体を信じているようなのに、人類学者や社会学者たちは、その「実体」性をはやくからうたがい、最近では、ほとんど否定するにいたっています。こういった知識は、中学の社会科はもちろん、高校の地理や現代社会などでも、ほとんどとりあげないはずですから、はつみみのひとがおおいでしょう（スチュアート・ヘンリ［2002］、ましこ［2008］p.39）。

本当は、新聞の国際面はもちろん、テレビ報道などを理解するうえでも、知識の有無は重要なちがいになるはずですが、新聞紙面の解説記事などでも、ここまでふみこむことは、まずありません。「人種」「民族」は「実体」と信じられているし、民族紛争など時事問題を解説してくれる専門家たちのおおくが、「実体」視しないで現実をとらえているなどは、全然あかされずに報道がくりかえされるのです。これは不可解なことだし、よくかんがえると、一種異様なネジれ現象だといえそうです。

しかも、「民族」が、血統上の集合体というよりも、「自分たちの文化・歴史を共有している」という信念がもたらす求心力の産物で、はだのしろいユダヤ人や、くろいはだのユダヤ人が共存するといった事実[33]さえも、しらされていない以上、ひとびとがかたる「民族」

---

33 イスラエルの「帰還法」では、母親が「ユダヤ人」かユダヤ教に完全改宗した人物をさすようですが、ヨーロッパなどでは父親だけが「ユダヤ人」

など、ほとんど無内容といっても、過言でなさそうです。

　ちなみに、文化人類学者や社会学者が「実体」として着目するのは、ひとびとが共有している「人種意識」や「民族意識」という実態の現実です。「黒人差別」にしろ「パレスチナ問題」にしろ、偏見・差別や、組織的暴力などは、みな政治的現実でありそれらは、「人種意識」とか「民族意識」といった実態がもたらした現実だからです。それらを研究者たちは、構築された「共同幻想」だととらえています（社会構築主義、〈まなざし⑧〉p.44参照）が、それがどんなに虚構にもとづいた歴史認識を基盤にしているにしろ、現実的な政治性が機能している以上、単なる「幻影」ではないとみなします（岸田秀［1978］、磯部ほか［1996］）。

国民？

　そればかりではありません。「国民」という一体感自体が日刊紙や義務教育がもたらした近代の産物だというのは、ベネディクト・アンダーソン［2007］『想像の共同体』以来、研究者たちの「素養」です（ましこ［2008］p.75）。「国民」とは、現在では、国籍法などによって明確に境界線が確定しているようにみえますが、150年まえの日本列島に「日本国籍」者はいませんでした。海禁（「鎖国」）が

　　　でもふくめられるとか。そもそも、ドイツ語圏・東欧でイディッシュ語をはなしていたアシュケナジムと南欧をふくめた地中海／黒海周辺・中近東に分布しジュデズモ語をはなしていたセファルディムとは外見・文化とも異質だし、この2大勢力以外にもいくつもの集団をかかえこんでいる広義の「ユダヤ人」は、ナチスが標的にしたときのような一枚岩のイメージにはおさまりません。ヨーロッパ系2大勢力以外にも、インド、アフリカ各地、北米など、世界各地に黒褐色の皮膚をもったユダヤ教徒がいるとか、「ユダヤ人」の内実は想像以上に多様です。

3．知の回路

「祖法」とかいわれた時代に、「日本国民」を規定する近代的な国籍法など存在しなかったし、「海禁」政策が日本列島全域の住民をしばっているようにみえても、アイヌ民族など、越境している集団はなくならなかったと。幕末以前のアイヌ民族に「日本人」意識などがあるはずもないのは当然ですが、全国に日本人意識が定着していくのは、日清戦争の新聞報道以降だというのが、定説です。漱石の『坊つちやん（ぼっちゃん）』で、主人公が松山に赴任したときに生徒たちと「文化摩擦」をひきおこしたのも、幕藩体制のなごりで19世紀末まで地域間の異族意識がのこっていたことを象徴しています（ましこ［2008］p.87）。蝦夷地以北や琉球国の住民たちに、「日本人」意識を注入・定着させるのが困難だったことはもちろんですが、薩長・会津とか、水戸・彦根とか、幕末期の武士たちの遺恨が武家以外の地域住民にもずいぶんおそくまで継承されて、わだかまりがきえなかったなど、「おなじ日本人」意識の定着自体が、かなり難題でした。旧陸軍の「常備団隊」が、リクルート上、実質的に「郷土部隊」の色彩をおびたのは、各地の方言差をふくめた地域性が無視できなかったからだとおもわれます。

　これら、国民国家に洗脳された自他意識（境界線意識）は、国内的には民族的少数派や経済弱者や「かちぐみ」に対する違和感や敵対意識とからまり、無自覚なレベルで優生思想[34]とないまぜになった優越感や劣等感としてうずまいているようにみえます。現代人は、これら「モンスター」の正体を認識し、みずからの内面に、それがどの程度侵入しているかを自覚していく必要がありそうです。そうしないと、集団ヒステリー状況でイラク戦争など暴力のかぎりをつ

34　「優生思想」とは「不良遺伝子の保持者を排除し、優良な人間のみをのこして繁栄させるという考え方」（八木晃介［2008］pp.247-8）。

くした自覚がいまだにもてていないおおくのアメリカ人のように、無自覚な「対岸のホロコースト」をくりかえすかもしれませんから。

回路④合理化の非合理性：超合理化社会／リスク社会／不安社会（官僚制とNIMBYがもたらすブラックボックス）

超合理化社会

〈回路②〉で、グローバリゼーションと、偶発的とはいえ突出した産物であるマクドナルド化をとりあげましたが、これらは、みな「合理化」の一環でした。そして、こうした現実が着目される理由のおおくは、「合理化」の光の部分というより、影の部分だったといってよさそうです。「インターネットは便利だけど、個人情報がコピーされたり危険」といった感じですね。すくなくとも、「マクドナルド化」が社会学者によって提起されたのは、すでにのべたとおり、「合理化」のいきすぎ、合理化の逆説が浮上したからです。

ここでは、グローバリゼーション／マクドナルド化にとどまらず、現代社会に特徴的な「超合理性」をとりあげ、社会の動向が「超合理化」として把握できることを、みていこうとおもいます。

〈回路①〉で、資本主義をとりあげましたが、資本主義の本質は、投資・投機が前提の資本のありようとか、自給自足とは無縁の生産消費体制であるとか、薄利多売・「水道哲学」など大衆消費社会の前提としての工場制大量生産だとか、そういった経済的現象にとどまるものではありません。マクドナルド化などに象徴されるように、徹頭徹尾「合理化」がおしすすめられる点も、みのがせません。とりわけ大企業は、近代以前の王国（たとえば日本列島上の各藩）が、文武官僚が維持していた水準とは異次元で、驚異的な合理化を実現し

てきました。近代以降の軍組織が、戦場と敵軍後方のあらゆる諸条件（「天地人」）を科学的に徹底分析し対策をたて、後方支援をはじめ巨大な官僚システムを維持するのとおなじです。各企業は、同業他社はもちろん、あらたに参入しかねない異業種他社の動向、そして激変していくことが経験的にしられている市場動向や技術革新を必死に追究します。そして、長所をのばし、短所をあらためるかたちで、子会社・関連企業もふくめた組織内外の徹底合理化をすすめるのです。外食産業にとどまらないサービス業が、かなりの程度マクドナルド化してしまう必然性は、ここにありました。

　しかし同時に、マクドナルド化では、かならずしもわりきれないのが、なまみの人間や動植物でした。「合理化」は、やはり「すぎたるは、なおおよばざるがごとし」で、あわせられない心身・動植物が、かならずです。薄利多売系の商品が、「やすかろう、わるかろう」だと、みきりをつけ、高収入になったとたん「卒業」する消費者もでてきます。「はやい／やすい／うまい」とおもっていた商品がいろあせ、「はやい／やすい」けど「まずい」にかわるわけです。

　食事サービスにとどまらず、旅客・輸送・宿泊など、「はやい／やすい」と両立しない「良質」さという要素があるかぎり、資金／時間／精神などのユトリがある層は、時代おくれなのではない理由で、「合理化」を拒否する、ないしは、はじめから選択肢として視野にはいらないような日常をおくることになります。そういえば、自動販売機など不要だといいはなった知事さんがいましたっけ。デパートの地下街にかいだしにいく人員をもち、さらにはデパートの外商部が自宅にでむくような「お得意様名簿」にリスト化されているようなお宅のばあい、自販機はもちろんコンビニさえも不要でしょう。

　また、いろいろな意味での生活弱者も、「超合理化」空間にはついていけません。ホテルや各種チケットなどのインターネット予約

などは、キイやマウスなどを代行して操作してくれる人物に依存しないかぎり利用できない層は、たくさんいます。銀行の現金自動預け払い機の操作とか、コンビニのチケット予約などもそうでしょう。提供者にとってはコスト削減、利用者は対面的でなく自由にきがねなくできると同時に、そういった遠隔系マクドナルド化システムは、便利さを享受するための知識と、それを活用する技能（駆使するための両手の機能や視力・聴力ほか）が不可欠です。おそらく、ユニバーサルデザインという方向性と、これまでの「超合理化」指向とは、基本姿勢が全然方向ちがいだとおもいます。「だれにでもつかえる」方向での合理化が、ユニバーサルデザインのはずなのですが、基本的に、てまひま＝コストがかかるものとなっているからです。

　こういった「超合理化社会」のリスク面（心配）を、かなりの程度網羅したのが、森健［2012］『ビッグデータ社会の希望と憂鬱』です。「合理化」のうち、あくまで「情報化」に議論はしぼられていますが、検索エンジン／ICタグ／監視カメラ／バイオメトリクスなど、さまざまな、そして実に重要な新技術の可能性と危険性があきらかにされています。自分たちの安全・安心の増強のために監視されることを必要悪として容認し、個人情報をどんどん提供していることの危険性に、わたしたちがいかに無自覚かを、おしえてくれます。

　また、はたらくがわからみた、「超合理化社会」のリスク面をあきらかにしたものとして佐藤彰男［2008］『テレワーク「未来型労働」の現実』をあげておきましょう。コンピューター技術の進展は極度の利便性をもたらし、はたらく時間・空間を主体的に選択できるようにみえますが、それは「もろはのつるぎ」でした。好景気で労働力の売り手市場でもないかぎりは、雇用者（買い手）が相対的優位にあることはあきらかです。モバイルワーカーとは、納期だけまも

ればいいといわれながら、睡眠時間ほか私生活まで犠牲にして納期厳守をせまられる存在にすぎないようです。

グローバル化のリスクとNIMBY(ニンビー)

　以上、合理化が暴走するかのような超合理主義という非合理性は、輸送・発信技術の超合理化がもたらしたグローバリゼーションという、うねりについても、あてはまります。すでに、グローバリゼーションの一部が、よしあしにかかわらず、ありとあらゆるグッズ (goods) ／バッズ (bads)、おびただしい生物／静物が地表周辺をかけめぐることだと、のべておきました。グッズを大量高速移動させる技術は、バッズも大量高速移動させかねないということです。

　もとより、寺社がうけあってきた「厄払い」のたぐいや、京都の祇園祭のように疫病の流行におびえた都市民が無病息災を祈念する年中行事としてきたものなどをみても、およそ都市文明が発生した時点から、世界中のおおくの地点で、感染症等のリスクが問題視されてきたことはあきらかです（山本太郎［2011］第2章）。もちろん近代医学や細菌学・ウィルス学などの知見などなく、現代からみれば、ほとんど迷信だらけのパニックの反復だったでしょう。

　インカ帝国はスペインからの侵略者たちによる攻勢でほろびましたが、住民を激減させた主要因は天然痘などの大流行だったようです（ジャレド・ダイアモンド［2000］pp.310-1）。「アメリカ合衆国の独立前のアメリカ先住民に対する戦争において天然痘を利用した」（林博史［2003］）といったエピソードにいたっては、生物兵器のはしりとさえいえます。日本列島も幕末期（1858年～）にコレラの大流行がありましたが、これは1840年にはじまる6波におよぶ世界的大流行のひとつです。世界的大流行が蒸気船などによる世界交易の進展によるものであることは明白でしょう。第一次世界大戦の病死

者の相当数をしめ、またその戦争終結をはやめたといわれる「スペインかぜ」などをはじめとしたパンデミックは、それをくいとめようとする近代的な防疫体制とともに、グローバリゼーションの典型的現象です。そして、トリインフルエンザなど、野生動物が媒介する感染症もふくめて、養鶏場など人為的な生産消費システムがあってこその大発生といえるなど、防疫体制などなく医療・衛生水準が不充分だった近代以前とは異質なリスク要因を、世界システムがかたちづくっているのです。

リスク要因は細菌・ウィルスなどによる感染症だけではありません。四半世紀の「空白」をへて発生したチェルノブイリ／フクシマという巨大原発事故。前者が「現在完了形」「現在進行形」として四半世紀にわたる放射能被害をおよぼしつづけているように、とても国内の一地域といった規模・次元にとどまらない現実となっています。後者は、今後さきがよめない被害規模という不安要因であるだけでなく、前者の世界史的意義を再確認させる意味もおびてしまいました。2発の核兵器使用という蛮行ののち、人類は冷戦という愚劣な政治的「均衡」をへて、そのあいだに核兵器開発と原発依存をふかめました。広島・長崎での2発の核兵器使用が「極東」の地方都市というピンポイントで10万人単位の犠牲者にとどまったことは、人類を充分反省させるだけの衝撃をあたえなかったわけです。「核拡散防止」という核大国の欺瞞にもとづく偽善が各地の軍国主義者たちに感づかれないはずもなく、「原子力の平和利用」という美名も、放射性物質リスクを世界中に拡散させる一方でした。

ドイツの社会学者ウルリッヒ・ベック（Ulrich Beck）の『危険社会』（日本語訳1988年／1998年）の原著"Risikogesellschaft"が1986年に刊行されたのは、もちろん、チェルノブイリ事故をきっかけにしていましたが、このことは象徴的です。旧ソビエト連邦のセミパ

3. 知の回路

ラチンスク核実験場(カザフスタン)などを典型例として、権力者にとどまらず大都市の一般市民もふくめて、NIMBY (Not In My Back Yard＝「公益」のためのリスクは、自宅から遠方に)などと批判される意識・姿勢によって、諸国の辺境地帯にリスクをおしつける差別を正当化してきました(自覚の有無・大小はともかく)。しかし、放射性物質リスクから完全に解放される生命体など地球上になさそうです。放射能不安は世界中の人類をおおいかねません。実際、世界中に配信された国際ニュースやブログ記事などが世界中の市民に「フクシマ・パニック」をひきおこしたことは記憶にあたらしいことです。国内の「辺境」に原発や軍事施設をおしつけようが、エコな平和国家として原発や軍事施設から遠距離に位置しようと、放射能不安から完全に解放される市民は存在しないかもしれません。一時的にわすれることはできるとしても。

不安と排外主義

ところで、感染症大流行や放射能とは無関係にみえるものの、ノルウェーでおきた無差別テロ事件(2011年7月22日)をどうとらえるか？　単なる右翼による差別・排外主義とすませられるでしょうか？　犯人は動機を「イスラム教徒の侵略からノルウェーと西欧を守るため」と主張しているようです(毎日新聞2011年7月25日)。これは、防疫体制をかいくぐって侵入してくるパンデミックや、出入国管理体制をかわして入国してくる犯罪予備軍のような、ハリウッド映画などで反復される「侵入者」「外敵」イメージの一種でしょう。ある意味、犯人の被害妄想的な発想の構造は、「抗原抗体反応」(生体の免疫機能)のような正当化がなされているとおもわれます。標的とされるはずのムスリム(イスラーム教徒)をふくまないノルウェー市民に対する無差別テロも、主観的に「正当防衛」であり、かれは被

害者代表＝ヒーローのつもりなのです。「イスラムによる乗っ取り」を甘受、いや助長するような売国奴……といった、「非国民」への制裁、無策・無防備な国民への覚醒せよとのアピールのつもりなのでしょう。ノルウェー国民の大半が衝撃をうけたとおり、非常に極端なケースなのでしょうが、日本の右翼が同様の犯行・主張をするとはかんがえづらく（今後も絶無とはいいきれませんが[35]）、犯人の被害妄想的言動は、「乗っ取り」という「外敵」に対する不安・恐怖を基礎としている西欧のキリスト教社会の一部の意識の「代表例」なのだとおもわれます。西欧社会への外国人労働力をはじめとした、大量の移住・移民が意識化されなかったら、こういった犯行がおこなわれたとはおもえません。それは、航空機をはじめとして移動手段のローコスト化と、各国の労働政策・移民政策の産物であって、グローバリゼーションなくしては、おきえなかった事件なのです[36]。

　排外主義を公然と肯定する保守系団体の動向もふくめて、ドイツでのネオナチやフランス／オーストリアで一定の得票を維持しつづける極右政党の動向を単なる「対岸の火事」といいきれるかどうか。ちなみに、「ノルウェー連続テロ事件」の犯人は、「イスラム批判のインターネットサイトに熱心に投稿し……投稿の一つでは、日本と

35　いまわしい大量虐殺の例として、1923年9月の関東大震災後の朝鮮系日本人（当時は帝国臣民）への大量テロ・殺戮もわすれることはできません。それを一所懸命否認・過小評価しようという刊行物や言動がいまだなくならないこともふくめて。さらに、20世紀末でさえも、愛知県の日系ブラジル人集住地のひとつで、右翼・暴走族関係者との対立が激化し、暴動寸前で機動隊が出動するまでの事態がうまれたことも、わすれてはならないでしょう。

36　近年の欧米での排外主義には2001年のアメリカ同時多発テロが、かげをおとしています。しかし、寛容にみえたオランダなどの変貌ぶりには、土壌としての前史がありました（内藤正典［2009］3章4節）。

韓国について『多文化主義を拒否している国』と言及。日本などを反移民、非多文化社会の模範のようにたたえていた」そうです（〈ノルウェーテロ〉「寛容な社会」憎悪か『毎日新聞』2011年7月24日）。はたしてフランスの有力極右政治家などに絶賛される日本をほこっていいかどうか。

　日本の難民認定の水準も、つぎのような指摘をみるかぎり、「排外主義」のそしりをまぬがれそうにありません。

> 申請者が真に努力し、また難民調査官が調査を尽くしても、申請者の主張を裏付けるだけの証拠の収集が困難な場合が少なくないとされる。このような場合に安易に難民認定を行わずに申請者を本国に送還することとなれば、難民固有の立証の困難さを無視して不可能を強要して難民の人権を侵害し、時には死の危険にさらすことになりかねない。この問題を解決するために難民法の世界で採用されている考え方として「疑わしきは申請者の利益に」という原則があり、……難民の資格を有しない者が難民認定手続を悪用して在留するよりも、真の難民が迫害のおそれのある国に送還される方がはるかに悪いという基本的価値判断に疑いの余地はないとされる。
>
> 　　　　　　　　　　　　　　　　　（岩田陽子［2011］p.7）

　さて、ナチスドイツ統治下のドイツ市民が、イヤイヤどころか、しばしば積極的にユダヤ系市民摘発に協力し、ホロコーストに加担した事実も想起すべきでしょう。しかし、あのいまわしい大量虐殺体制も、日清・日露戦争などもふくめた超大国（帝国）の体制崩壊などを遠因とした世界史のうねりの産物です。ソビエトが成立しなければ、あれほどドイツ支配層が社会主義者とユダヤ系に警戒的に

なったとはおもえませんし、西欧のユダヤ系市民が、ゲットーのなかに集住していたアシュケナージムのようではなく、クリスチャンの生活様式にほとんど同化して識別不能になっていたからこそ、疑心暗鬼になったドイツ市民たちの標的になったように、西欧内外の政治経済的な環境が19世紀とは異質になっていたからこそ、ユダヤ人差別[37]という責任転嫁が展開されたのです。

「ユダヤ人差別」という責任転嫁が第二次世界大戦後に、卑劣なコピーとして出現したのが「イスラエル建国」という政治的現実であり[38]、

---

37 ユダヤ人差別は、シェイクスピアの「ベニスの商人」のように、キリスト教社会の偽善性が投影されたかたちで、近代以前からの「伝統」でした。しかしナチス台頭の時代には、第一次世界大戦後の苦悩や労働争議ほかの社会不安などすべてが、ユダヤ系ネットワークによる陰謀の産物として、全部、「ユダヤ人のやつらのせい」といった責任転嫁が排外主義・攻撃を正当化していきました。ヒトラーらによる、反ユダヤ主義は、現在の反イスラーム主義と同様、自分たちの苦境を全部、被差別者に還元してしまうという、ぬれぎぬのたぐいでした。

38 イスラエル建国までの経緯は複雑な国際情勢がからみますので、ここではたちいりません。しかし、イスラエル政府関係者が、パレスチナ問題で批判をあびると、ほとんど反射的に「反ユダヤ主義」によるネガティブ・キャンペーンだといった論調で、批判者を批難できるのは、ナチスの「反ユダヤ主義」を黙認したローマ法王庁など、欧米諸国が、かくれ「反ユダヤ主義」だったという、うしろぐらさをかかえていることに乗じた責任転嫁でしょう。欧米社会はイスラエルを批難する倫理性をそなえていないかもしれませんが、だからといって、イスラエル政府がパレスチナを軍事的テロリズムで迫害できる道理などありません。パレスチナ住民による反撃の一部が、たとえば自爆テロなどであっても、それを批難する倫理性をイスラエル政府はもちあわせていないのに、アメリカなどが「仲裁」というかたちでしか介入しないのも、国際政治の場での現実主義というよりは、ユダヤ系ネットワークによる大統領選での影響力をおそれてのことです。ナチズムを当初黙認した欧米社会の罪悪感＝負の遺産の1つといえるでしょう。

3. 知の回路

パレスチナ難民の一部が「テロリスト」よばわりされ[39]、しばしば「浄化」だの「誤爆」だのといった「理由」で大量虐殺されるにいったったことも、わすれてはなりません。暴力の応酬というより、劣化コピー的「飛び火」は世界中にみつかります。それは、ドイツ国民起源といったものに還元できないことはもちろんですし、米中ロ3超大国や西欧列強が周辺・世界各地に覇権主義を行使したケースもふくまれます。もともとアフリカやアジアなどで頻発してきた民族紛争の大半は、単なる資源ナショナリズムなどで説明しきれず、欧米が現地住民の意向など無視して、あたまごしにかってに境界線をひいたツケが紛争の基盤なのです[40]。暴力の連鎖は大航海時代にタネまかれ、数百年もの蓄積の「負の遺産」ということができます。そして、暴力性を正当化する論理の軸は、「異物」「侵入者」といったイメージである点が重要です。

風評の伝言ゲーム

インターネットや各種の通信機器の進歩・低価格化・大衆化は、さきにのべたような「放射能不安」をまきちらすかとおもえば、「イ

---

39 前項とかさなりますが、パレスチナがわからの反撃の一部が、たとえば自爆テロのような悲惨な手段となったにしても、それを卑劣よばわりするのは、一方的です。イスラエル政府などは、ムスリム＝テロリスト予備軍といった、国際的な差別意識に乗じて、反撃全体を「テロ」と印象づけようという、情報戦を展開しているからです。欧米や日本などでの「イスラム原理主義」という偏見については、内藤正典［2009］など参照。

40 アフリカ大陸諸国の相当部分で、国境線が不自然に直線的なのは、イギリス・フランスなどのヨーロッパ列強が、現地の民族分布や経済圏・文化圏などと無関係に、列強間の妥協の産物として、機械的に線びきした産物です。現地の生活実態や同族意識などを無視した分割は、独立国となったあとも、「負の遺産」として、現地のあしかせになっています。

スラム不安」や「チャイナ・リスク恐怖症」も瞬時にひろげます。ヒトをふくめた動物／静物が可視的に大量移動している現実をまえに、野蛮な「偏見」や無責任な「風評」の「伝言ゲーム」が世界中で展開中なのが現実です。「リスク社会」とは、客観的なリスクが世界化していく事態にとどまりません。同時に不安が伝染し、主観的「体感」が悪化していく過程でもあります。

現代日本にはびこる少年犯罪の激増・凶悪化・低年齢化という、虚妄の３題ばなしは、未成年者への厳罰化というかたちで進行しています。同様の構造は、精神障害者や知的障害者の責任能力をほとんど無視した厳罰化志向にもみられます[41]が、これらはみな、リスクの客観的減少が逆説的に不安をかきたて、あたかも社会全体がハイリスク化しているという被害妄想的な集団心理の産物です。外国にルーツをもつ定住者をはじめとして、さまざまな「外来」の住民を、「外来種」になぞらえるかのように、「純粋な日本人」と対比的に位置づける排他的心理（排外主義）は、「犯罪予備軍外国人」論、ないし「犯罪目的来日外国人」論とでもいうべき被害妄想をかたちづくっています。犯罪のほとんどは、日本人→日本人であり、外国人→日本人という加害／被害関係は、犯罪動向のごくごく少数をしめ

---

41 精神障害者や知的障害者は、未成年者とならんで、犯罪をおもいとどまるだけの充分な判断能力が欠落しているか不足しているのだから、厳罰化したところで、犯罪発生をへらせないというのが、伝統的な刑罰思想でした。「責任能力」という概念です。しかし、最近では、「被害者・家族の人権を尊重しろ」という大合唱のもと、未成年はもちろん、障害者の「責任能力」を普通の成人と大差ないものとみなし、死刑や長期刑を当然視する風潮が支配的になってきました。イスラーム刑法で殺人犯・傷害犯にのみ適用される「キサース（同害報復刑）」も、あくまで責任能力が充分にある成人が故意で犯行をおこなったケースにとどまるそうで、イスラーム圏を野蛮視しがちな日本人に、その資格があるかどうか微妙です。

3. 知の回路

るだけなのに、紙面には「外国人犯罪」を強調する論調がおおく掲載されています。外国人労働力を徹底的にかいたたき、すぐに失業させるような、みがってなふるまいに終始してきた日本人が、「犯罪者予備軍」みたいな偏見をかかえているのは、笑止千万といえそうです。貧困や自暴自棄などで、犯罪発生率が少々たかかろうが、それは当然の結果でしょう。むしろ、日本人が犯罪被害者となるケースが実にマレなのに、なにゆえ、はでに紙面にかきたてられるのか、その構図こそ、とうべきです。

関東大震災時の「朝鮮人来襲」デマのような悪質なものは横行しないものの、ネット上の匿名掲示板では、それを事実であるかのようにかたる人物が、阪神淡路大震災後も東日本大震災後も続出しました。xenophobia（クセノフォビア、ゼノフォビア、外国人嫌悪）は、かなり普遍的な現象ですが、9・11同時多発テロ直後のイスラム差別をふくめて、欧米や日本などでつよまった感がある差別／排外主義は、すでにのべたような被害妄想を基盤にしており、攻撃性を自己正当化してしまうために、自制・抑制がきかないきらいがあります。アメリカほか欧米で連続した同時多発テロ自体が、グローバリゼーションの産物といえるわけで、「外来」者がめだつにつれて、主観的に「自衛」的な排外主義がつよまるのでは、さきがおもいやられます。日本は、難民を極端に排除し、留学生も労働者も欧米やカナダ・オーストラリアなどと比較すれば、非常に限定されたかたちでしか入国させていないのですから。

「フクシマ」以前には、「原子力アレルギー」などと、原発システムに批判的な層を非科学的存在だと侮蔑する表現がありました。2011年後半にいたっても、被曝不安をこばかにしたり、「いたずらに放射線リスクをあおるな」といった論調で、反原発論やマスメディアの「偏向」を非難する議論もへっていません。それなのに、犯罪の

体感リスクをあおるような論調をたしなめる議論はマイナーです。リスクに対しては、適切に警戒しこわがるのが妥当なのに、放射性物質をふくめた化学的リスクについては「こわがるな」論が支配的で、外国人をはじめとする少数者（わかもの／障害者／……）については、「警戒しろ」「厳罰で」論が支配的な気がするのは、うがちすぎでしょうか？

いずれにせよ、優生思想だとか社会ダーウィニズムのような優勝劣敗論ではリスクについての冷静な議論が成立しません。経済格差や社会的排除などは、社会がかかえる構造的暴力の産物でもあります（近藤克則［2005］、津田敏秀［2004］など）。傷病の発生率でさえも単なる偶然だとか遺伝子的必然ではなく社会的要因がらみなのです。「ユダヤ人（中国人／朝鮮人／イスラム過激派……）が陰謀を実行しようとしている」系の「陰謀論」におどらされないよう注意することはもちろん、インフルエンザ・パニックのような医療関係者があおるリスク騒動にも冷静になる必要があります。

また、さきの東日本大震災をきっかけに発生した福島第一原発事故の放射能パニックのばあい、放射性物質リスクに対する、さまざまな社会的側面を白日のもとにさらしたとおもいます。急性症状とは別個の、内部被曝による中長期的な疫学的影響、放射線不安や避難にともなう精神的ストレスによる心療内科的な影響、被曝リスクに過敏に反応した風評被害（非科学的な過度の一般化）、体調不良を「気の持ちよう」論に矮小化したりする「専門家」による過小評価……。もとはといえば、巨大消費地である大都市住民は、洗脳や無知の産物とはいえ、放射性物質リスクをNIMBY構造のなかで、東京電力管外の福島県海岸地域に（自覚のあるなしにかかわらず）おしつけてきたのでした。その意味で、東電管内の大都市部住民の付近に「ホットスポット」が出現したのは、「自業自得」といえなくもない

3. 知の回路　　107

かもしれません。「(有事の際にも) 自宅ちかくまではこないだろう」といった意識がどこにもなかった人物とか、福島産農産物をイヤがらない人物以外は。その意味では、楽観論に終始してきた「専門家」に全部責任転嫁できるものでないことは、あきらかです。ちなみに、沖縄島周辺に米軍基地を集中させて、リスクを「対岸の火事」視してきた構図なども問題の本質は通底しています(ましこ［2010］序章)。

そして、「エコポイント」だの「エコカー」減税といった政官財情のキャンペーンも、原発リスクほどでないにしろ、廃棄物リスクをゴマ化した点では偽善そのものであり(ましこ前掲書)、問題をさきおくりした点では、世代間でのNIMBY構造とさえ解釈可能です。リスクが越境的であるという現実と、越境的である動態へのアレルギー的排他主義と責任転嫁。リスクを「対岸の火事」として直視をさけて、地理的のみならず時間的にも距離化をはかるNIMBY構造。これらの「主犯」は専門家と企業経営者かもしれませんが、NIMBY構造のシワよせをくう地理的・時間的弱者に対して、われわれ「消費者」は、充分「共犯」関係にあります。フクシマ問題やオキナワ問題をメディアで消費する視聴者たちは、それをどのぐらい自覚できたのでしょうか?

監視社会化

いずれにせよ、こういった不安社会は、監視社会化をすすめます。リスク要因を発見して監視し、必要とあらばおさえこむことが正当化されるでしょう。たとえば、日本でも監視カメラが急増していますが、それをしきっている警察や警備会社にとどまらず、「諜報産業」とよばれる勢力が米国などで急成長中だという動向はみのがせません。社会の敵をあぶりだすためには、ありとあらゆる個人情報

を収集してかまわないとする合理化がなされ、「隠れる場所はどこにもない」というプライバシー破壊がすすめられているのです（オハロー［2005］、阪本俊生［2009］）。アメリカ同時多発テロ（2001年）の真の基盤を直視できない市民にとっては、「悪意」「リスク」は国内外に伏在し、つねにセキュリティ・システムのスキをうかがう存在なのでしょう。かれらの疑心暗鬼が自縄自縛となって自由をうしなっていくのは自業自得ですから、しかたがないとしても、北米以外に伝染していくのは、たまったものではありません。しかし、警察・司法などの密室や企業の暗躍、議会周辺での密議などの透明化はすすまないまま、カメラ・集音マイク・ネットを中心とした個人の言動監視はどんどん正当化されている状況です。北米ほかで進行中の事態は、あすの東アジアのすがた、いやすでに着々とすすんでいる状況なのかもしれません[42]。

回路⑤加速・濃縮化と分散・孤立化：バベル化／ガラパゴス化／情報格差

現代の「バベルの塔」

　超合理化社会にも、以上のような、あきらかに非合理的な側面があります。というより超合理性と非合理性とは「せなかあわせ」のようにもみえます。

42　中国や朝鮮、ミャンマーなど、アジア諸国のばあいは、政府機関の末端が常時実行している『1984年』的空間なわけですが（オーウェル＝高橋和久訳［2009］）、われわれが経験した現代の超合理主義とは異質なようです。かの地が超現代で「さきどり」しているのか、それとも、独裁体制下の監視社会と、ハイパー現代の監視社会が皮肉にもそっくりになるのか。

たとえば、グローバル化は当初、世界中の均質化（ユニバーサル化）、ないしはアメリカ化の進行とおもわれていました。マクドナルド化しかり、「コカ・コロナイゼイション」（マーク・ペンダグラスト[1993]）とか、「ディズニー化」とかもです。しかし、イタリアなどのファストフード店、バール[43]はもちろん、東アジアの各種ファストフードは全然劣勢にはみえません（おにぎり／たちぐいウドン／おこのみやき／たこやき／ラーメン、など）（竹中正治[2008]）。

つまり、世界中に「マクドナルド」や「ケンタッキーフライドチキン」などの多国籍外食チェーンが展開し、ハリウッド映画やディズニーランドなどのエンタテイメントがまちこがれられている一方、世界各地には、依然として地域文化がいきづいています。世界中の大都市のホテルや国際空港のなかは、どこもにたりよったりかもしれません。しかし、世界各地の衣食住や言語など、生活文化の大半は、おどろくような多様性を維持しているのです。

たとえば、よくある比較ですが、欧米人があたりまえとおもっている、「土足」での入室と、玄関で「土足」をぬぐ日本の常識のちがい。かなりの程度、「洋間」がふえ、日本独自といわれる「たたみ（畳）」じきは、新築のなかで激減しているでしょうが、「土足」を当然と感じる日本人はごく少数派だとおもいます。また、「洋間」にあわせて、へやのでいりぐちである「洋風ドア」は、「うちびらき」になりましたが、玄関まで「うちびらき」の家庭はすくないのでは？　ホテルは洋風で一貫していますが、一般住居として都市部で急増中のマンションで、「うちびらき」玄関は、どのぐらいあるで

43　南欧の軽食喫茶店。軽食中心のリストランテ・バール、コーヒー中心のカフェ・バール、アイスクリーム中心のジェラテリア・バールなど。島村菜津[2007]など参照。

しょうか？[44] 日本のホテルのスリッパは入室するや「土足」をぬぎたがる日本人のためにあるみたいですが、ちがうようです。入室時にクツをぬぐ習慣のない欧米人が、土足のままあがれるよう開発されたとか。それはともかく、これひとつとっても、「土足」「居室」の意味づけが全然ことなっているという異文化同士。そのミゾが150年たっても全然うまっていないことに、おどろきませんか？　たたみ文化が崩壊寸前で、何時間も「正座」なんてできない国民が大半の現代日本。カーペットにすわってテレビ・ゲームに興ずるという意味で、大差ないプライベート空間みたいにみえるのに。

　このようにかんがえてみると、経済のグローバル化、文化のユニバーサル化などは世界の均質化をもたらさないことがわかります。旧約聖書の創世記には、天までとどく塔をたてようとした人類に神がいかり、工事がつづかないよう言語をバラバラに分裂させたとかいてあり、世界の多言語状況を説明しているとされてきました。創造神が実在するかどうかはさだかでありませんが、言語が分裂したままであること、英語など超帝国語がいくら国際会議や通商語になろうとも全世界の共通語にはなっていないことは、あきらかです。全世界の小学校教育はもちろん、大学教育を英語が均質化することさえ、ありえないでしょう。アジア・アフリカなどの大学の一層の英語化はありえても、ユーラシア、中南米では、1億人をおおきくこえる大言語がめじろおしですから[45]。広義の日本語も百年ぐらい

44　「うちびらき／そとびらき」というドア文化のちがいは、基本的には玄関の有無や、防犯上・脱出上の理由など、いくつかが指摘されていますが、ここでは、たちいらないことにします。

45　アジア・アフリカ諸国のエリートが英語圏・フランス語圏などに留学した高学歴者たちであり、大学など高等教育が民族語ではなく、英語圏・フランス語などで運営されているように、アジア・アフリカ諸地域は、す

3. 知の回路

で消失することはかんがえづらい。言語的な分裂状況＝多様性だけではなく、ドルも機軸通貨ではあっても、EUのユーロのような存在にはなりそうにありません。なによりアメリカのヤード／ポンド系の単位は、メートル法の体系と共存したまま、統一されずにいます。「ワールド・シリーズ」をうたうメジャーリーグ・ベースボールがサッカーなど世界スポーツとは対極のローカルスポーツであることも同様です。「グローバル化とは、強引なアメリカ化である」といった批判があるのですが、アメリカの食文化／スポーツ文化が世界をおおっているなど、どんな極端な議論をたてても不可能です。逆に、人工衛星などによってワールドカップ・サッカーなどが同時中継され、何十億人もの観衆を熱狂させる時代がつづこうとも、世界中がサッカーファンへとなだれをうつことはない。たとえば北米住民の相当数は、今後何十年もアメリカンフットボール・野球をバスケット・アイスホッケーなどとともに愛しつづけることでしょう。もちろん、カリフォルニア州が今後数十年でヒスパニック主導のサッカー空間に変貌する可能性はありえますが。

　つまり、インターネットや人工衛星、電子決済などが、どんなに情報の大量高速移動をおこなおうとも、ロケットなみの旅客機や輸送機がヒト／モノを大量高速輸送しようとも、政治的統一が達成されないことはもちろん、文化や経済活動の均質化も達成されない。むしろ、世界中にアメリカ文化やユーラシア文化、ジャパニメーションが発信・受容されようとも、流行・定着の速度、質／量には、

　　くなくとも文化的には植民地状況がつづいています。ちなみに、中南米の大半がスペイン語・ポルトガル語圏であり、シベリアや旧ソ連周辺がロシア語圏なのも、植民地主義の産物だといえますが、ここでは、英語が世界語化するかどうかという、未来予測に議論をしぼることにします。

おおきな格差があり、むしろ格差は拡大していく一方だろうとおもわれます。アメリカンフットボールがサッカーに駆逐されないように、大相撲がレスリングにおきかえられることもない。……まるで、一神教の創造神が「未完のバベルの塔」をあわれむように、政治・経済・文化の分裂状態は、いつまでたっても、おそらく人類の死滅がせまるまで、おわらない。人類の死滅まぎわには、地表上に、たがいの存在をほとんどしらない小集団同士が点在しているような状況になるだろう。……といった予想がたちます[46]。

　人類の死滅（何億年後なのか、数百年後かわかりませんが）まぢかになるまで、おそらく「バベルの塔」が未完なままな一方、世界の政治・経済・文化の分裂状態は、各地で「ガラパゴス」状態を呈するはずです。日本列島周辺のような特殊な市場に適応をはかってきた企業活動は、携帯電話などのように、規格において世界との互換性をうしなったり、性能の質・量において世界市場の大規模ニーズとズレが発生する。日本列島周辺のような、東京・大阪・名古屋などの大都市圏の経済規模がそれぞれ、主要国の経済規模に匹敵するような状況のばあい、世界市場への死活をかけた参入の気迫がうせどうしても内需だのみの消極的な企画・営業姿勢に終始してしまう。……もっとも、これらへの警鐘や皮肉をこめた「ガラパゴス化」は、日

---

[46] 太陽が赤色巨星・白色矮星などと変貌をとげれば、日射が激変するわけで、人類が死滅していなくても、生態系が想像をこえた変動をとげていることでしょう（数十億年後だそうで、そこまで人類がいきのびるとはおもえませんが）。現代的課題としての難民や財政破綻や環境破壊など、膨大な財を生産しながら、分配・制御となると、まともに合理的行動ができない人類。核戦争をふくめた第3次世界大戦といった劇的なかたちではなく、あっけなく自滅するのではないでしょうか？　その最終段階では、何十億にも達した人類が急速に激減し、点在する集団同士が充分な意思疎通をおこなえるだけの、インフラが崩壊しているとおもわれます。

3. 知の回路

本列島だけの現象ではなさそうです。

ひとつだけ実例をあげるなら、イタリアなどは、ポピュラー音楽を筆頭に、「イタリア人のためのイタリア文化」というローカリティを維持しているとか。「世界的な名声を得て広まった音楽、絵画、映画、ファッションなどのイタリア文化も、基本的には国内向けに作られている」らしく、「それが、後に外国人に『発見』されて、国際的になっていく」(加藤雅之 [2007] pp.184-94) だけで、日本のマンガやアニメの作品生産（一部、ガラパゴス化）ににているようです。

ガラパゴス化——つぎつぎ誕生する現代の「ムラ」

そもそも、少数の熱烈ファンを結果的に獲得すればいいというのでは、輸出産業としては、将来性をみこめませんし、いずれにせよ、もともと内需むけに特化した特注規格では、いつまでも「互換性」がありません。マンガ・アニメなどのばあい「ふきだし」「ふきかえ」の翻訳などで発信・輸出できますが、狂言や歌舞伎などは「無言劇」として発信するか、同時通訳による「ふきかえ」ぐらいしか手段がなく、日本語圏のそとへは輸出困難です。そして、日本の経済界で問題にされてきた「ガラパゴス化」の実例は、パソコン・携帯電話・カーナビなどなわけで、本来、言語文化に依存しない領域だからこそ深刻なのでしょう。

そして、より問題となりそうなのは、新幹線や家庭電化製品など、日本人ユーザーの過剰な要求水準にこたえるべき超越的な水準に達した技術が、あくまで国内用に特化していて、軍事技術や宇宙開発の過程での基礎研究ほどの副産物をもたらしていない点です。日本の技術文化にはかぎらないでしょうが、科学技術の「地産地消」のような現実が実際にあり、そこに投入された英知・時間・労力が人類全体への恩恵にはならない点が、実に皮肉でムダとはいえないで

しょうか？　国防・ナショナリズムがらみの宇宙開発の膨大な予算投入が、実際に後日回収される投資なのか微妙なのと同様、内需にだけ特化した企業競争も、なにかむなしい気がします[47]。

　それはともかく、情報発信の能率が加速化されればされるほど、皮肉にも情報格差がひろがる宿命があります。もともと、情報は360度ムラなく発信されるはずがなく、受信者が特定されているか、「潜在市場」にむけられる。たとえば、電化されていない地域では、当然インターネット回線とは無縁な生活がつづいており、たとえば英語で発信しようが、現地の（英語のよみかきや会話が可能な層でも）生活者には無意味な情報です。つまり、通信速度があがり、発信される情報の質・量が充実すればするほど、受信できない空間とできる空間、受容が充分にできる環境と不充分にしかできない空間、付随する消費が継続できる空間とリピーターになりえない空間、……といった格差がひろがっていくのです。英語やドルなどが世界をおおわないのは、言語市場や金融市場が、各国民国家によってへだてられているせいもありますが、かりに全世界が、United States of Worldになろうと、流通速度と必要性がことなるからです。世界中のネットショップをわたりあるこうとする人物でさえ、ドル紙幣や

47　このことは逆に、輸出むけに特化した必死な努力とか内需むけなのに生産拠点はとことん労賃をかいたたける発展途上国という、並行するヒズミと一緒に再考すべき点かもしれません。
　ちなみに、軍事・宇宙関連予算をふやすべきだといった議論をしたいわけではありません。「武器輸出三原則」や「非核三原則」といった、日本国憲法が規定した、軍事開発への禁欲的態度とか、アメリカの国策に抑圧された航空機産業の問題など、ナショナリズムがらみの問題とは別個に、官民の研究開発の費用対効果問題とか、科学技術の一部が「特殊な日本文化」として、進化が特化しすぎるのは、やはりイビツだろうということです。

3.　知の回路　　　115

ドルだて預金が不要である以上、ネットショッピングを必要としていない集団にドルや英語をとおしてアメリカ商品を普及させる意味はないし大市場には絶対ならないでしょう（世界化をほとんどアメリカ化と誤解しているらしい日本列島上の「国際人」志向の植民地主義的本質・歴史的経緯については、赤坂真理［2007］終章）。

インターネット空間が、世界の英語化をかならずしもすすめず、中国語や日本語のサイトを急増させてきたとか、世界中に無数のムラ社会をつくっただけではないかという指摘がなされてきました。ブログであれ巨大掲示板であれ、「同好の士」のような、文化を共有する人物同士が凝集し、そこだけで通用する濃密な情報交換がくりかえされる。極端なはなし、無数のオタクたちの小宇宙が点在し、たがいの存在をしらないぐらい無関心が支配する。つまり、情報発信やヒト／モノの輸送能率の加速化がすすむほど、情報の発信速度、質／量の濃縮化がすすむほど、各「小世界」は皮肉にも分散しつづけ、たがいに孤立化をすすめていく。……そんな予感がします[48]。

そうかんがえると、つぎのような経済動向への見解は、充分説得

---

48 隣国韓国の文化ナショナリズムの暴走（たとえば、剣道・合気道が韓国起源だとか、テコンドーが琉球唐手と無関係に発達したとかいった、民族文化史観など）を、冷笑したりする風潮があるようです。たしかに、歴史的事実と両立しない見解は、妄想のたぐいであり、無知の産物なのですが、「日本語はうつくしく、例外的な部分以外外国人は精髄は理解不能」だの、「外国人の良質な部分には理解される、日本語芸術（俳句、短歌など）や武道（空手、合気道など）」といった、日本賛美は、普遍化しえない少数文化であることの自覚の反転としての、「ガラパゴス化フェチ」ともいえるのではないでしょうか。ユダヤ教徒の選民思想などと同様、自文化愛好の方向性が、民族の美化として、あらぬ方向に暴走すれば、ひとりよがりな文化的排外主義に転落します。ちなみに空手の原形は、琉球国の唐手（「トーディー」→「カラテ」）のはずです。

的な気がします。しかも、北米だけの動向ではなく、日本をふくめた経済先進地域の相当部分に普遍的な動向だといえそうです。

……

　ハーバード・ビジネス・スクールのナンシー・コーエン教授は最近「米国の消費と新しい『標準』」という文章を発表した。米国の消費者動向は……大恐慌や第二次世界大戦以来最大の変化を遂げている、という……

　……また、インターネットが「中世的『むら』消費」(medieval village of consumption) を再形成させた、と言っている。……その昔、むらの中で売買が行われていたように、我々はインターネット上でものを共有し、推奨し、評価し、絶賛したり、批判したりしているのだ。我々はもう「次に何が流行るのか」といった視点だけでものは買わない。むしろ、自分の人生のテーマに即しているような、背景に共感できるようなものしか欲しくないのだ。……

(ネットでよみがえった中世的「むら」消費　「草食男子」と「森ガール」が買い物に魅力を感じないワケ　フィリップ・デルヴス・ブロートン、関谷英里子（日経ビジネスオンライン 2010 年 3 月 29 日）
http://business.nikkeibp.co.jp/article/world/20100326/213632/ ?P=2)

回路⑥ドラマとしての社会：「老若男女」による舞台と、みえないシナリオ

役割を演じる

　さきに、日常生活空間から儀礼まで、舞台上のドラマのように相

互作用が展開していくとみなす「ドラマツルギー」などを紹介しました (p.49) が、社会を「舞台」になぞらえることは、単なる方便ではありません。かなりながくなりますが、ある社会学者の解説を紹介しましょう。

> 役割ということばは、もともと演劇の方からきたものだ。……この役割概念を使って個人と社会の関係をさぐろうという理論を「役割理論」(role theory) という。……社会は舞台であって、人びとはあらかじめ社会が用意した台本にもとづいて各々の役割を演じる。一定のあたえられた役割をその内容にしたがって演じることを「役割演技」(role playing) という。「すべてこの世は舞台だ」という有名なシェイクスピアのことばのように、社会は一種の〈人生劇場〉〈世界劇場〉とみなすことができる。この場合、行為者は「役割の担い手」である。
> 極端な理論によると、人間は「役割の束」とみなされる。……
> この場合、役割は地位にあらかじめ備わっているもので、個人の人間性や能力・個性に関係なく期待される権利と義務のセットである。組織上の地位にともなう業務命令や工場内の分業化された職務を想起してもらえば、おおよそのイメージがえられると思う。このさい重視されるのは役割期待 (role expectation) の規範性である……。
> ところが、わたしたちはマリオネットのように社会にあやつられるまま行動するわけではない。こうしなければらないと思っていても、そうしないときもあれば、できないこともある。同じ役割でも人が替わるとやはりちがったものになる。ときにはあたえられた役割に反抗することもできるし、表面

的に役割を演じながら別の自分を表現するといった芸当も……

役割にはさまざまな類型がある。……もちろん以下に示すのは役割のごく一部……、分類も暫定的な不完全なもの……

(1) 年齢役割—子ども・若者・大人・中年・老人……
(2) 家族役割—夫・妻・長男・親・母・末っ子・一人娘……
(3) 性役割—男・女……
(4) 職業役割—医師・看護婦・教師・ガードマン・役人・軍人・事務員・セールスマン・営業マン・研究員……
(5) 組織内の地位・職務—平社員・主任・課長・部長・社長・ディレクター・プロデューサー・カメラマン・……・スポーツの各ポジション……
(6) 状況的役割—受験生・浪人・失業者・討論会の進行役・ゲスト・隣人・観客・遺族・新郎新婦・病人・患者・被害者・加害者・よそ者・恋人・リーダー・子分・いじめっ子・傍観者・送り手・受け手……
(7) 逸脱的役割—犯罪者・前科者・変わりもの・変質者・……・ツッパリ・……
(8) 性格類型——お人好し・頼りがいのある男・淋しがり屋・うそつき・おせっかい・スポーツマン

それぞれに「らしさ」をもっているこれらのなかには、もともと生まれもってきたものもあれば、医師のようにこつこつと努力した末にようやく獲得できるものもある。観客のようにすぐ離脱できるものもあれば、前科者のように一度押しつけられるとなかなか離脱できないものもある。……人間は

> これら多様な役割を理解し使い分ける担い手として社会的相互作用過程のなかに登場する「多元的役割演技者」（multiple-roleplayer）なのである……
>
> 　　　　　　　　（野村一夫［1998］「9－2 役割現象とはなにか」）

　ごらんのとおり、こういった「役割」群は、単なる舞台上の虚構を成立させる分業ではありません。実社会そのものの縮図でしょう。しかも、ドラマをおりなす分業体制は決して硬直化したものの反復・集積ではありません。あやうい「つなわたり」を演じつづける名／迷プレイヤーたちのアドリブとか、表情のウラオモテなどがおりなす壮大な演技の総体です。ヒトが本能にまかせて自然や周囲の人間に適応することができない「欠陥」をかかえていること、行動原理のほとんどは、ソフトがインストールされるように、文化的に「かきこみ」されてはじめて作動するとのべておきました（pp.28-33）。これら「役割」群は、自分の行動原理であるとともに、周囲の行動様式の理解のための不可欠の「ソフト」といえます。たとえば、性ホルモンが男性らしさ／女性らしさを自動的には演出してくれないが、「男女役割」がわくぐみを提供してくれるといったぐあいです（恋愛事情の変容については、加藤秀一［2004］、赤坂真理［2007］）。

虚構のドラマが「お手本」に

　また、こういった「現実」という「ドラマ」の重要な点は、虚構であるはずのドラマがかなりの程度「お手本」であること。しかも、「シナリオライター」が不在な点もみのがせません。これは、実に皮肉な構造です。なにしろ、「物語」が展開していくのに、そのディレクター的な存在が実在せず、なんとなくすすんでいく。もちろん、役所や企業や議会にはリーダーがいて、一所懸命しきろうと「指揮

棒」をふっていますが、そのとおりに進行している舞台なんて、ごくごく例外的少数でしょう。〈回路②〉でのべたとおり、マクドナルド化の世界的進行のように、マニュアルどおりにうごくバイトさんや、それを指揮する店長などは無数にいます。しかし、企業の大半は、外食チェーンのようなマニュアル文化でおおいつくされていません。

ところで、「老若男女」たちは「舞台」上で、どんな役割を意識し、微妙にズラしながら演技をくりかえしているでしょう？

幼児でも、「ごっこ」あそびをくりかえしているとおり、演技しているという自覚をもちあわせているし、しぶしぶしたがうフリとか、せのびなど、おおかれすくなかれ、ムリ（虚構）をとおす姿勢をそなえています。たとえば、幼稚園では「いい子」でとおしているのに、いえにもどるとママのまえで暴君に変貌といった「うち弁慶」なども、その典型例でしょう。しかし、「はじめてのおつかい」（日本テレビ系列、1991年～）[49]は、単に未熟ゆえにしらずにかつがれているだけではなく、必死にママからの用事をはたそうとしているわけです。おとなむけの「どっきりカメラ」（日本テレビ系列、1970年代～90年代）[50]のばあいは、ながれ（文脈と属性）で自然な展開（実際には、かつがれるタレント＝被害者が「どっきり」させられるような、危機的状況ですが）をおいますが、「おつかい」は、「はじめての」単

---

49 幼稚園児などに、ひとり、ないし、ふたりで、はじめて「おつかい」にいくという設定で、幼児たちの珍道中をスタッフがカメラ・マイクなどで、かくしどりしながら、ばれないようエスコートしていくバラエティ番組。

50 芸能人などを標的にだまし、盗撮するかたちで録画し、標的がおどろいたところで「どっきりカメラ NTV」というプラカードをもってしらせることで、タネあかしする、バラエティ番組。

3．知の回路

独任務遂行という、きわめて挑戦的な「役割」行為です。ともあれ、かつがれているばあい、コドモであれ成人タレントであれ、当人は必死に、リアルな役割をになっているつもりです。男児なら「勇敢(になるべき)ちいさな男性」という主観的な役割期待をうけてのがんばりかもしれませんし、おわらい系の男性タレントなら、ビデオ収録を意識しているかいなか、しかけ役のタレントとの上下関係・親疎などで、ボケ役割の程度がちがってくるとか。

　会社での同僚・上司・部下とのやりとりとか、恋愛関係に展開しかねない異性同士とか、リアルな関係のばあいは、役割意識や演技の水準は、かなり真剣かもしれません。関係性のなかで心理的優位にあるばあいなどはともかく、「あの部下はなんだかにがてだなぁ」とか、「おつぼねさま主催のランチは気づまり……」とか、なやんでいる当人たちにとっては、一層深刻でしょう。あるいは「恋愛関係に展開しかねない異性同士」だと一方だけが意識して、もう一方はまったく無関心だとか。

　お化粧やおしゃれもそうでしょう。とりわけ、わかい女性のばあい、「恋愛関係に展開しかねない異性」と意識してしまうと、みづくろい戦術の水準が格段にあがってしまう(「勝負△△」……)だろう一方、そうでない男性には完全ノーマークになるなど。お化粧やおしゃれの水準の大半は、対男性むけではなく、同僚の女性など関係者のなかの同性の視線と、自己意識がもたらす「合否」とかが規定しているとききます。通話時もふくめて、対男性かどうか、営業用かどうか、対女性なら親疎はどうか、などで微妙にトーンがかわるとかも、お化粧／おしゃれ意識と通底していることでしょう。

　いずれにせよ、基本的には、適切な役割(行動原理)が、文脈における属性の位置づけからみちびかれるわけですが、さきにのべたとおり、「適切な役割」への当人の意味づけ(位置づけ)が、あいてと

の心理的距離等を調整させるでしょう。

　もうひとつ着目すべき点は、ロールプレイングのように虚構上の役割演技をするときに参照するのが、類型化した属性だということです。すでに紹介した類型分類（p.119）は、それをかなり代表しています。われわれは、虚構であるはずのドラマなども参考に、かなりの程度「類型化した属性」を、典型的キャラのイメージとして、「学習」ずみです（おわらいにおける制服キャラや、性風俗などでのイメージ商品も、これなしには成立しません）。いや、それなしには、ドラマや小説やマンガなどが理解困難です。ある意味「くさい演技（不自然さがのこるキャラ）」でよければ、しろうと劇団がなりたつように、われわれは「学習」ずみの「類型化した属性」を共有財産として、リアルな日常生活にも、しばしば援用しています。たとえば、初対面の賓客を接待するときの準備だとか、同僚と有名人のうわさばなしをしたりするばあいです。

　たとえば、「オーナー一族がしきる企業の社長令嬢が外国留学をおえて帰国。母親（つまり社長夫人）と見学……」という情報が、ある課長（40代男性）の部署にはいり、工場やオフィスを案内する担当者に……といった設定のばあい、接客する母子が実際にどういったキャラなのかは、はっきりしませんが、いろいろ慎重な準備・段どりが必要そうな気がします。そのばあい、「学習」ずみの「類型化した属性」は、とりあえず準備の素材になります。「実は気さくなかたで……」といった、追加情報は、少々ほっとするという素材ではあっても、「いやいや、気をぬかないこと」といった緊張感をとくものではなさそうです。「類型化した属性」は、リスク軽減のため不可欠の素材なのです。

　一方、メディアをとおしてしか情報をえられない有名人についての、同僚や知人などとの、たあいない談笑のばあいは、どうでしょ

3.　知の回路

う？　おおくは、無責任で、関係者には到底きかせることのできない水準の、証拠などを提示できない会話内容でしょう。

しかし、そういった性格だからこそ、「類型化した属性」が、雑談の不可欠の素材です。さきほどしめした、「オーナー一族がしきる企業の社長令嬢が外国留学をおえて帰国。母親（つまり社長夫人）と見学……」といった文脈をツマミに飲食するばあい。「オーナー企業の社長」「社長令嬢／外国留学をおえて帰国」「社長夫人」といった「類型化した属性」は、いかにもありそうな話題をくみたてるはずです。「定番どおり高慢で……」とか「実は気さく」とかは、そのバリエーションなのです。テレビドラマでよくある設定のように。あくまで、接待担当者から距離のある人物にかぎってですが。

また、「年齢役割」「家族役割」「性役割」「職業役割」「組織内の地位・職務」「状況的役割」「逸脱的役割」「性格類型」といった分類は、当然、たがいに「越境」するキャラとして理解されています。

たとえば、「サムライ」という「役割」は、日本列島上に近代以前に存在した「職業役割」と「組織内の地位・職務」「性役割」の交差する存在といえるでしょう。

武家という家系にうまれそだった男子が成年儀礼としての元服をへて幕府や各藩に仕官することによってうまれた社会的身分のひとつですが、「廃刀令」（1876年）などをふくめた「四民平等」策によって消滅したものです。しかし、諸外国にも「サムライ」イメージが定着しているとおり「時代劇」「歴史ファンタジー」系の作品の常連キャラですし、「サムライ・ジャパン」（ワールド・ベースボール・クラシックなどで実際につかわれた呼称）などのように、現代日本人男性をよぶ際の安定したステレオタイプ的「定番キャラ」でしょう。それは、軍人やアスリートだけではなく、「企業戦士」などとメタファーでとらえられる「戦士」たち一般に適用されるイメージです。近代

以前の存在でありながら、近現代の男性たちの一群にも通底する本質がかぎとられているのです。たたかう男子として、ほこりたかく、組織存続のためにときに殉職も辞さないし、自己・組織の名誉維持のためには自死を覚悟する……といった、実態とはかなりズレ、美化されたものですが、そういった「戦士」の理想が、たとえば企業戦士たちにも投影されているのです。

ステレオタイプ＝本質主義化した役割

　こういった越境する定番キャラには、「ヤクザ」などもあげられます。「ヤクザ」は現在では「暴力団員」と分類される集団で、近代以前の博徒系／的屋系に大別される起源をもった非合法組織の構成員ですが、自称としての「極道」や「侠客」などがしめすとおり、サムライと同様の美学を理想としています。理想論として武士道が騎士道などと比較されてきたように、ヤクザにも任侠道といった合理化がなされてきたわけですが、理想の方向性は「名誉」「自己犠牲」などとして、基本的に相当カブりがみられます。あわせて重要なのは、目的（理念・名誉）のためには手段をえらばず、暗殺・テロなども辞さないという武闘派集団の構成員であるということです。たとえば幕府方の治安部隊・軍事組織だったとされる新選組などは、テロリスト集団だったという位置づけも可能でしょう。合法非合法の区別があいまいな非常時のばあいには、暴力団と新選組ほか武家の過激武闘集団とは、非情さにおいて区別がつきません。つらぬかれている原理・本質をひとことでいうなら、「ホモソーシャル[51]な武闘

51　「ホモソーシャル」（Homosocial）とは、ホモフォビア（同性愛嫌悪）とミソジニー（女性嫌悪）を共有する、ライバル関係をはらんだ男性同士の求心力・連帯関係。

3. 知の回路

組織」というまとめになるでしょうか？

「サムライ」同様、「職業役割」と「組織内の地位・職務」「性役割」の交差する存在は、前近代的な「ホモソーシャル」な心性をよりどころとして現代の地下世界を牛耳る(ギュージ)ものとして認識され、欧米・東アジアの「マフィア」などとならんで、映画・小説（「ノワール」とよばれる「暗黒小説」）などをとおして、その定番キャラクターは隠然たる人気をほこりつづけています。男性文化がかかえこむ暴力性とか利他主義などの代償行為として、「サムライ」「ヤクザ」は虚構上・メディア上の偶像となっているわけです。欧米の研究者やジャーナリストたちが「スーツを着たサムライ」といった「ヤクザ」イメージを抽出したのは、ある意味当然でした（氏家幹人［2007］）。

もうひとつわすれてはならないものとして、ステレオタイプ化した「役割」イメージのもつ、無自覚な暴力性として、すでにのべた本質主義的傾向もあげておきましょう。ミソジニー（女性嫌悪・蔑視）／ミサンドリー（男性嫌悪・蔑視）が、男女それぞれにおける先入観＝本質主義（過度の一般化）にもとづく差別／排除であることは論をまちません。個人差などを無視した「性役割」の暴走の典型例です。「性役割」は、同性愛者など性的少数派に対するバッシング問題の温床でもあります。遺伝子情報に還元するかどうかはともかく、モラルハラスメントや暴行がくりかえされ、加害者たちや傍観者たちには反省がありませんでした（風間孝・河口和也［2010］）。1967年に性犯罪法が制定されるまで男性同性愛を犯罪としてとりしまっていた英国などのばあいは、天才的数学者アラン・チューリングを死においやるなど、とりかえしのつかない権力犯罪をくりかえしたといえるでしょう。「生物として自然な異性愛」といった「性役割」は、性的指向の現実＝多様性を無視した本質主義の基盤なのです。

「ゆとり世代」だとかいった「年齢役割」もみのがせません。「今

の若者のダメぶりを、職場などでの失敗シーンの再現ビデオでつくるので、先生には『ゆとり教育がこういう若者をつくった』とコメントしていただきたい」とテレビ局にもちかけられた研究者さえいます（広田照幸・伊藤茂樹［2010］p.113）。これらの野蛮な本質主義としての若者バッシングの風潮は、「俗流若者論」（後藤和智）として批判をあびていますが、世間の動向には全然改善のきざしがみられません（後藤和智［2008］、本田由紀ほか［2006］）。

「役割」は、さきにのべたとおり、本能による指示をまっていてはいきていけないヒトのための不可欠の体系であり、社会を形成するシナリオの骨格にあたるものですが、うえにのべたような本質主義が、差別とは別次元で機能不全をひきおこすこともかきそえておきましょう。たとえば「こんなしごとは女（男）らしくない」といったしばりを自分にかけてしまう。インストールされた「男性役割」が「男の沽券（コケン）」といった、有害無益な自尊心として自己催眠の呪縛となってしまいます。あるいは、「母親役割」が男の子の無能さを助長したり、女の子の人生をしばってしまうといった他者への悪影響をもたらすこともあります。男の子の相当部分が女の子とくらべると文脈把握能力や自他の心身ケア能力におくれがあり、なかなか成熟しないといった一般的傾向があるからこそ、「自分がやってあげないと、まともにできない」とか、「女の子のことは、女の子時代を経験ずみの、わたししか理解してあげられない」といった心理に母親がおちいりがちであるのは、ある意味しかたがない部分はあります。おおくの成長物語が、「障害」としての母親／父親をのりこえるプロセスとしてえがかれてきたことは、母子関係／父子関係が、「家族役割」であると同時に「性役割」であり、しかも、しばしば本質主義的に呪縛になりがちだからです。かりに父母が有能でめざすべきモデルにみえても、コドモたちの成長にとっては美点自体が有害

だったり、父母が成長の邪魔をしてしまうという、家族ののろわれた物語が世界中の家庭でくりかえされているとおもわれます。

父子関係や母子関係はそこそこの波乱をともないながらも、大半は不幸な結末にはならずに、「雨ふって地かたまる」式のおさまりかたにおわるでしょう。しかし、成人になってだいぶたってからも父子関係・母子関係をふりかえる体験、しかもにがい経験として再認識するとか、以前無自覚だった死角部分がはっきり認識できてうちひしがれるとか、ひきずるのは少数ではありません。むしろ社会学が対象とする現代社会は、なまじ複数の選択肢から自己責任で人生をえらびとったかのように錯覚させられるので、親の呪縛がどういったものだったかを冷静にふりかえることが困難です[52]。ひとによっては、自分の人生の失敗を、自己責任ではなく、両親に責任転嫁し、そういった家庭にそだったことを、うらんだりする。呪縛をかけた父母を心理的にのりこえることを、フロイト派心理学の伝統にならって、象徴的に「父親ごろし」「母親ごろし」などとよびますが、そこには、わすれられない喜怒哀楽の記憶をともなって、さまざまな愛憎がうずまくので、簡単に清算などできません。

精神科医の作品ですが、斎藤環［2008］『母は娘の人生を支配する』などは女性だけでなく、男性にもためになるでしょう。たとえばあなたが異性愛者や教育者であれば、女性とかかわりをもたないわけにはいかず、その女性のかかえるコンプレックス（心理複合）の基層に母

---

52 そだてのおやが恩きせがましさを隠蔽、愛情と偽装したことで、強迫神経症においこまれた自分史をジークムント・フロイトの自我心理学を参考に解析し、症状から解放された経験をかたる、岸田秀は、この構造を実にあざやかにえがいています（岸田秀［1978］、［1998］）。

子関係があることは、ひとごとでないはずです[53]。

なお、次節の、〈回路⑦社会のなかのライフコース〉と、密接にかかわりますが、「ドラマとしての社会」という物語が、個々人という「役者」によって構成されている構造は、「個人史」という、ちいさな「物語」の集積だということも意味します。

さきに、母子関係や父子関係など「家族役割」の呪縛を指摘しておきましたが、「個人史(biography;個人誌, 生活史)」という「物語」(ライフヒストリー／ライフストーリー)は、母子関係や父子関係など幼児期・児童期を基盤として個々人がアイデンティティを形成してきた記憶のタペストリーです。〈回路⑨濃縮・膨張する心身〉でふれる、「変身願望」や「記憶」問題ともからまりますが、個々人には、各自、自己という「物語」が日々確認・展開されているとおもわれます。両親や教員をはじめとする保育・教育要員としての年長世代は、(性格上・能力上の個性はあれ)かなり柔軟でまっさら状態のコンピューターに、自分という「物語」が自己展開していけるよう、ソフトをインストールし基本的データを入力する役割をになります。個々人は、幼児・児童期・思春期にかきはじめられた「物語」の序章を自分でかきつらねていくことで人生(物語)を展開し、過去の「上演」をたびたび想起・確認していく存在といえるでしょう[54]。

---

53 母娘関係のユガミが、ときに成人になるまでトラウマになるらしいことは、「醜形恐怖」(身体醜形障害)をテーマとした『イグアナの娘』(萩尾望都[2000])などが好例でしょう。斎藤環[2008]もとりあげています。

54 過去の「上演」をたびたび想起・確認していく作業こそ、アイデンティティ(自己同一性)の維持行為だとおもわれるのは、数時間でエピソード記憶がきえてしまう記憶障害により、自己の一貫性に不安が発生してしまうケースは、それをうらがきしています(片桐雅隆「物語る私」、井上・船津編[2005]『自己と他者の社会学』pp.79-95)。

社会とは、個人という「ひとりしばい」（落語のように、役割をいくつかきりかえる）を舞台上で同時上演しているような、巨大なオペラ・ミュージカルのようなものかもしれません。舞台下に観客がおらず、役者同士たがいに観衆であり、記憶の反芻や改変・隠蔽を「物語」として表出しあっているような（ましこ［2005］3、4章参照）。

　「上級編」にはなりますが、社会学者による整理としては、浅野智彦［2001］『自己への物語論的接近』や片桐雅隆［2003］『過去と記憶の社会学』などを参照してください。

回路⑦社会のなかのライフコース：人生をくみたてる保育／教育／修行／引退

保育の時間

　魚類・両生類のように、基本的に「育児」が不在の動物もいますが、鳥類・ほ乳類で「うみっぱなし」はありえません。すてごをする「託卵」系の鳥類なども、自分が育児放棄するだけであって、養親は実在するわけです（そうでなければ、絶滅する）。まして周囲の捕食者たちにくらべて圧倒的に劣弱な「乳児」たちに保護者は不可欠です。草食獣の一部のように、誕生数時間で母親のあとをはしっておう種もいますが、それ以外は、かなりあついケアを要します。そして、ヒトは、その最たるもので、アドルフ・ポルトマンなどは「生理的早産説」[55]さえとなえたほどです。

55　本来、最低でもあと1年ぐらいは子宮内でそだってから出産されるべきだったのに、未熟児なままうまれてきてしまうヒトの新生児の本質をとらえたモデル。

どんな天才的知性や超人的パフォーマーであれ、周囲からのたすけ（教育やサポート）を必要とするといわれてきましたが、話題にしているのは人材の完成過程のことでしょう。こうした人生訓の受容者が当然のようにみおとしているのは、天才／超人にも無力・無能な乳幼児期があったという事実です。どんなに強大で、にくにくしげな絶対的権力者であれ、愛くるしい乳幼児期があったという現実は、よくわらいばなしになりますが、ヒトは、動物界のなかでも、ぬきんでて「大器（？）晩成」型なのです（〈回路①〉参照）。

　したがって、現代人の生活様式や人生行路がいかに多様多岐・複雑になろうとも、ひとびとの人生の相当部分は、「保育」がらみの時間帯がしめることになります。「保育」される時間帯と「保育」する時間帯です。4～5人といった子だくさんの家庭をきりもりしたうえに、まごの面倒までみる女性などは、極端なはなし、20歳前後の数年以外は全部「育児」する／される人生とさえいえます。

　それはともかく、まえに、本能にまかせて自然や周囲の人間に適応することができない「欠陥」をかかえていると、人間の本質についてのべましたが、保育だって同様です。本能が指示してくれないので、経路はともかく学習しないことには、こそだてできないのです。かくして、時間空間がことなれば、当然育児文化がことなることになります。しかもそれは、乳幼児の遺伝子上の差異であるとか、自然環境の差異で説明できるものではありません。

　たとえば、オトナのばあい、牛乳で下痢しやすいとか、アルコールが分解しづらいなど遺伝子情報が集団によってちがうことがしられていますが、乳幼児にそういった差異があるとはされていません。したがって、たとえば授乳方法や離乳食はもちろん、その後の食事文化のちがいも、あくまで、オトナたちのつごう、伝統や流行に左右されるわけです。

3.　知の回路

一方、ポリネシア系のひとに肥満体がおおいのは、氷河期など飢餓状態が頻繁にあった時期に適応的だった「肥満遺伝子」が近代ヨーロッパの食文化とであってうみだしたからだといわれていますが、これも、遺伝子情報や自然環境から現代の食文化が説明できない典型例でしょう。

　とはいえ、近代以前のばあいは、地域や身分を限定すれば、食文化をふくめた保育文化は安定していました。ほかの時代や遠隔地の食文化・保育文化などしらなかったからです。かりに、生理学的・栄養学的に不適切な保育をしてしまっていようと、その時代・地域の保育文化どおりの作法にしたがっていれば、極端に非難されたりしなかったとおもわれます。

　しかし、こと近代になると、事情は激変します。保育文化の「正解」が変動しはじめるのです。

　「ベビーフード言説にみる離乳食にこめられる母親の愛情の変遷」（東京大学文学部社会学専修課程 2004 年度公開論文）によれば、ベビーフードにかぎらず、授乳法や粉ミルクのあつかいなど、育児百科・育児雑誌・母子健康手帳副読本など、ママたちの指南書というべきガイドブックのとく育児法がたった数十年で論調をかえてしまうのでした。短期間に乳幼児の体質とか自然環境が激変するはずがありません。では、過去の育児法は、医学的・栄養学的といった観点からしたばあい、近年の育児法とちがって、非科学的でどうしようもなかったものなのでしょうか？　あるいは、山頂をめざす登山ルートが難易いろいろあれども複数存在するように、いろいろある「正解」を、各時代の関係者の議論が流行で変遷しているだけなのでしょうか？　おそらくどちらでもなく、現在の育児法も早晩「修正」をせまられるのだとおもいます。かんがえてみれば、おかしなはなしです。小児科医や保健士・栄養士など専門家しか「正解」をしら

ないというのは、「動物」としてヘンですし、科学によって「正解」がきまるというわりには、たった数十年間でたびたび「修正」されるというのは、物理学などの「法則」の水準からはほどとおい、不安定な見解だらけだということでしょう。育児雑誌をはじめとする「育児知識」の日本での動向については、天童睦子(テンドー・ムツコ)さんらによる『育児戦略の社会学』が本格的に議論を展開しています。

教育文化の変動

保育文化が人類史的に多様性があったことと、近代以降のめまぐるしい変動をきたしたという構造と同様の構図は、教育現象にもあてはまります。

たとえば、読み書き計算のような「リテラシー」とよばれる能力や宗教・倫理などに関する素養とか、軍人・商人など生業ごとの基礎技能のようなものは、近代以前にもありました。当然、時間・空間がことなれば、教育文化（内容・教授法）がちがってきます。これは、本能の次元とはあきらかにちがう文化的行動なので当然です。しかし、保育文化同様、はなれた時間・空間については基本的に無知なのが普通だったし、地域と身分さえきまれば、ある時代の教育文化は安定してみえたはずです。武家なら藩校で論語等とともに兵法などをおさめるとか、商家なら大福帳のかきかたやソロバンをならいに寺子屋にかようとか。そして、無筆でいいとなれば、あるいは学費が工面(クメン)できない貧農のせがれや女児などは、当然のように、寺子屋には無縁なまま、成人となっていったでしょう。

しかし、保育文化同様、遺伝子的規定・自然環境で決定されないヒトの教育は、タテマエ上自由となった近現代で、迷走ともいうべき激変をくりかえします。国民国家が初等教育制度を全国化し、たとえば義務化などすれば、事態は一変しました。日本列島にかぎっ

ても、小学校が兵役などとならんで国民の義務としておしつけられると、学制反対一揆とよばれる暴動が発生し小学校がやきうちにあったりします。小学校の建設費用は所詮増税分の一部であり、労働力としてあてにした男児・女児が何時間も拘束されるといったことにくわえて、授業料が無償ではないというのは、まさに三重苦だったわけで、当然の反応でした。就学率が急上昇するのは、無償化された明治後期ごろでしたし、都市部では中等教育への進学熱が徐々にたかまっていくものの、学費がかかるために結局中間層以上のもの、高等教育にいたっては人口の数％どまりの時代が第二世界大戦終結までつづいたほどです（いわゆる「学歴社会ができるまで」のスケッチとしては、小熊英二（オグマ・エージ）[2018]）。

その後、前期中等教育に分類される中学校が義務化されたのは1949年。後期中等教育に分類される高等学校への進学率が9わりに達するのは1974年で、高校は四半世紀間で義務教育に準ずる存在となります（中卒者のマイノリティ化）（吉川徹[2009] pp.18-9）。おなじころには、大学・短大進学率も40％弱に達し、つぎに増加に転ずる90年代前半までの20年間の「安定期」をむかえています（「高校・大学進学率の推移」http://www2.ttcn.ne.jp/honkawa/3927.html）。5人に2人も高等教育機関に進学する以上、それは大衆化が定着したことをしめしています。

ちなみに2000年代前半に大学・短大進学率が過半数にいたる増加傾向[56]は90年代前半に発しており、それはおそらくバブル経済

---

56 とはいえ、高等教育（大学・短大・高等専門学校）に進学する層は5わり強程度であたまうちになっていて、学校・専門さええらばなければ、計算上「全入」が可能な程度でとどまっているなど、高等教育進学層とそれ以外とでは、経済階層上の分断線があって、格差が固定化しているといった点もみのがせません（吉川徹[2009]、小林雅之（キッカワ・トール）[2008]）。

崩壊にともなう不景気とカブっています。皮肉なことですが家計を圧迫してでも教育費をひねりだした保護者たちの不安を象徴しているかもしれません。

　これと関連して重要なのは、高校の準義務教育化と大学・短大の大衆化した1970年代中盤が、日本の少子化傾向がはっきりした時期だという点です。さきに「産業構造の複雑化」→「高学歴化」→「教育費用の高騰」という変動をもとに、「経済格差が維持されるなか、育児機会格差がなくならないことによる、慢性的少子化の進行……」といった仮説を社会学者や経済学者がたてて、検証しようとするだろうとのべた（p.31）ことも、これと関連があります。たまたま偶然の時期的一致（疑似相関）の可能性もありますが少子化傾向と高学歴化には、なんらかの関連があるとおもわれます。

　すくなくとも、人口問題を重要な政策課題とみなしている厚生労働省は、「なぜ少子化が進行しているのか」という分析のなかで、「育児・教育費用負担の重さ」という要因をあげていますし（「平成16年版　少子化社会白書（全体版）」http://www8.cao.go.jp/shoushi/whitepaper/w-2004/html-h/index.html）、「(1) 韓国 ── 少子化対策は国家の重要政策」という比較検討のなかで隣国の急激な少子化について、「子どもにかかる教育費の増大」という分析を紹介しています（「平成17年版　少子化社会白書（本編〈HTML形式〉）」http://www8.cao.go.jp/shoushi/whitepaper/w-2005/17WebHonpen/index.html）。

　また、中国では人口爆発をおさえこむために、1979年からいわゆる「一人っ子政策」を強力におしすすめて、少子高齢化というリスクをあえてえらんできました。それが21世紀にはいり少子化による労働人口の減少が懸念されるようになると、ついには「二人っ子政策」へと劇的な方針転換をむかえました（2016年1月）。しかし調査によれば、86.6％が「社会の福利厚生が整わなければ安心して二人

目を産めない」と回答するなど、慎重論が支配的なようで、専門家にも「本当に二人目を産みたい夫婦は30％程度だ」といった見解がみられるほどです（労働政策研究・研修機構「「一人っ子政策」撤廃の影響」2016年5月、https://www.jil.go.jp/foreign/jihou/2016/05/china_01.html）。

　阿城（アーチョン；Ah Cheng）原作、陳凱歌（チェン・カイコー；Chen Kaige）監督作品映画『子供たちの王様』（孩子王／Hai zi wang；中国、1987年）[57]がえがく舞台は、1970年代末の中国雲南省とおぼしき地域の中学校ですが、そこでは、教科書が教師用に1冊あるだけで、主人公の板書を生徒たちが意味もわからず暗唱用にかきうつす（共産党政権の教条など）という、当時の教育水準をえがきだしています。1世代以上へた現在の現地は、格段の水準に到達していることでしょう。しかし、現代日本や中国大都市部の教育水準のばあい、富裕化にともなった競争激化によって一種の学歴インフレが発生し、教育費用の高騰と少子化がもたらされたといえそうです。

学歴インフレ

　そして、こういった「学歴インフレ」現象は東アジア諸国特有のガラパゴス現象ではありません。アメリカでは一人前の医師がそだつまでに4年制大学卒業後十数年。専門医としてのポストをえるまでには十数年から二十年超のキャリア蓄積＝競争が必要だとか。

57　表題の「子供たちの王様（孩子王）」とは、児童のまえでだけ「王様」きどりができるという、中国での教師の蔑称。共産党政権下文化大革命期の「下放」という知識層迫害政策によって、中国の僻地の中学校に赴任させられた主人公の青年。ただ教科書の文句を生徒がノートにうつすだけ、という党公認の授業スタイルに疑問をもち、自分用に手紙をかける学力をつけさせようとこころみる。生徒を啓発し信頼感もできた主人公だったが、党への不服従は上層部にしれることになり、学校を退職させられる。

日本で有名なのは弁護士のケース。法学部卒業はともかくとして、法科大学院や司法試験・司法研修所をへて、はれて弁護士になれても、それだけでは実務能力が全然ともなわず、通常、「イソ弁（いそうろう弁護士）」と俗称される法律事務所の従業員として3〜5年、「ボス弁」のもとで「修行」するのが定番なようです。最短コースでも30歳前後にはなります。

　かくいう大学の教員や研究所の研究員なども同様です。大学院の博士課程（前期・後期）等を飛び級なしですごすだけで27歳。研究・教育の雇用期限つきのアシスタントなどではなく、常勤・期限なしの教員・研究員になれるのは、最短で30歳前後が普通です（そんな構造もあって、大学教員の常勤ポストの定年は65歳前後です）。

　これら専門職は数十年まえなら20代中盤でたどりついたポストです。しかも参入しようとする「予備軍」はへろうとしないのに、市場は飽和ないし成長鈍化で完全に供給過剰状態です。弁護士は、「イソ弁」にさえなれず、事務所からの給与なしで、デスク・イスと事務所名義だけかりられる（名刺に「△△法律事務所 Tel.……」と印刷できる）「ノキ弁（軒下弁護士）」。いや、それさえかなわず、「タク弁（自宅弁護士）」という実質完全失業状態や弁護士未登録さえ少数とはいえない模様です（「弁護士の卵、就職難　修習後の未登録、過去最悪の2割」『朝日新聞』2011年12月15日）。税理士業務なども二世として地盤をうけつがないと、事務所運営は困難だといわれています。

　また、研修医の過労死寸前の残酷物語は有名です。ほかにも、医学部なみに6年制になった薬学部から輩出される薬剤師の就職先が病院や薬局ではなく、しばしばドラッグストアだとか、みみにしているでしょう。ちなみに大学の教員採用公募では、1名採用の件に数十名の応募者はごく普通です。

　これらの分析は、みな専門職だけの議論のようにみえますが、保

3. 知の回路

育士免許受験資格が短大卒以上にひきあげられたり、看護師が近年4年制の看護学部卒業者が4わり程度をしめるようになったなど、以前より高学歴化がすすんでいることは確実です。「認定看護師」という資格などは、保健師、助産師及び看護師のいずれかの免許を日本で取得したうえ5年以上の実務経験が必要となるとか、小中高校の教員免許要件を修士課程（博士課程前期）以上にしようといったうごきなどは、高学歴化が一般化してきていること、各領域の専門人として修行期間が実質のばされていることをしめしているでしょう。

また、近年、高卒者の就職がきびしいといわれています。高卒者の大口のうけざらとして機能してきたメーカーが、世界市場におけるコスト競争の過熱化によって、どんどん国外へと生産拠点をうつしたこと、窓口業務をふくめた接客業や経理など、高度な専門知識を要しない事務職へと大卒層が大量参入し、民間企業や自治体職員などから高卒層がはじきだされたものとみられています。さきに、2000年代前半に大学・短大進学率が過半数にいたる増加傾向は、90年代前半にはじまっていること、それがおそらくバブル経済崩壊にともなう不景気とかぶさっていると仮説をのべておきました。高卒では就職できないという不安もあったでしょうが、企業などから内定をえられなかったので進学した層もすくなくないとおもわれます。

「みならい」期間の長期化と現役引退

さて、このように学校卒業後、社会人になるまでの年齢が上昇する、つまり「みならい」期間が長期化する傾向は、「現役引退」の年齢にどう影響をあたえてきたでしょう？　さきほど、過去には専門職ポストにつくのが20代中盤だったとのべました。いや、近代初期には、10代後半で社会人になるのが当然だったのです。現在のパナソニックの創業者、松下幸之助が関西電力の前身に入社したのは

16歳でしたし、そのまえに9歳から丁稚奉公として「社会人」のはしくれでした。なにも、松下だけが例外的に不幸だったとか早熟だったのではなく、小学校卒で「みならい」にはいり10代後半で一線での戦力だった層は、ごく普通でした。

すでに紹介した映画『子供たちの王様』での主人公は、阿城と陳凱歌の青春時代がモデルとなっていますが、十代後半、おそらく高校在学中に地方へとおくられて赴任したという設定です（映画中の主人公は20代にみえますので、赴任後数年たっているというながれか）。日本でも、戦前の小学校教員は10代がかなりいたようですし、近代日本も学制初期は、にたようなものです。

いずれにせよ、現在でも20歳前後で実質的に家長として弟妹ほかをやしなう長男は、世界中にたくさんいます。

そして、そういった「早熟」社会のばあい、「引退」もはやめでした（松下幸之助は80歳まで現役でしたが）。たとえば、ギネス級の長寿番組（1969年〜）である、アニメ『サザエさん』の重要人物「磯野波平」氏の年齢設定は（半永久的に）54歳です。これは、1970年代ぐらいまで、企業のおおくが55歳定年だったことのなごりで、原作マンガ（1946-74）から、テレビアニメへとひきつがれた時期の時代背景が、はからずも継承されているのです。

「タラちゃん」（3歳）の祖父母が54歳／52歳というアニメの年齢設定は、別に不自然ではないのですが、問題は、「サザエさん／マスオさん」の「24歳／28歳」という設定もふくめて視聴者の大半が、なんとなく「65歳／63歳／30歳／35歳」程度にキャラをうけとめていて、それら主観的設定が不自然すぎることに無自覚だろう点です。「54歳／52歳／24歳／28歳」という設定と、6〜11歳程度の印象上のズレは、もちろん容貌・発声・話題などの総合的イメージの産物ですが、ともかく波平氏が「山川商事」課長で60歳

3. 知の回路

をこえているのは不自然です（嘱託でも役員でもない）。いや、フネさんとカツオたちの年齢設定でさえ40代での高齢出産なのに、現在63歳なら50代での超高齢出産になってしまいます。

しかし、こういった視聴者たちによるカンちがいは、平均寿命の上昇などとともに、50〜60代が以前より格段にわかがえり、とりわけ60歳定年がはやすぎるかのような印象がつよいからです。波平／フネご両人が54歳／52歳として不自然だとおもわない理解こそ現代では不自然でしょう（ああいった50代前半での老成は、現代日本の東京など大都市部では例外的少数でしょう）。

だからこそ、最近では、大学教員のような特殊な職種でもないのに、65歳定年制が検討されたり、65歳まで嘱託として現役続行することがあたりまえだったりします。しかも、退職後に急に体調をくずしたりする層以外、60歳時の平均余命23年弱／28年(2010年の日本人男女)が、ときにながすぎて感じたりするようです[58]。実際、政治家や財界人などは70前後でも元気ですし、大学教員なども65前後のみなさんは、ふけこんだという印象がありませんから、激務に消耗した層以外は、60歳で引退ははやすぎるのが実感でしょう。「退職後の夫と同居しつづける女性、お孫さんの世話などでいそがしい女性は、平均余命がみじかめだ」といったデータもあり、おもに女性がになってきたケア労働のキツさをかんがえさせられます[59]。

---

58 中年期以前からの趣味がつづけられている層や、家事やおしゃべり等で時間がツブれる女性たちはともかく、無趣味な男性たちにとっての退職後の日常のすごしかたは、結構「課題」なようです。

59 バブル景気（1980年代後半から90年代初頭）当時には、女性がもとめる結婚の条件が「三高（高学歴・高収入・高身長）」だったのが、バブル崩壊後は、「三低（低姿勢・低依存・低リスク）」とか、「3K（価値観・金銭感覚・雇用形態の安定）」といった要求へとシフトしたといわれていま

しかし、コドモ・孫世代についての、「適度」ないそがしさが欠落しているばあい、「引退」生活は、結構難儀かもしれません。

もちろん、人生という「舞台」からの最終的な「引退」は、各人の属性に偶然もからまり、さまざまです。「人生時間割」（今津孝次郎［2008］）の最終部分。経済格差はもちろん、同居者の質・量、親族・友人との親疎、そして当人の性別や性格……。遺産相続がらみだったり、「孤独死」だったり、ご当人・周囲の悲喜こもごもは多種多様でしょうが。

これから社会にでる準備をすすめようというみなさんには、かなりさきのはなしですし、実際60歳時点での日々をイメージして逆算した人生設計では、わかさが感じられません。しかし、30直前で結婚して、30代なかばまでに出産などにであい（自分自身か周辺で）、60代でコドモ世代が一人前になり孫などがいるかもしれない……といった統計上の「平均値」は、やはり、めやすになります。もちろん、すでにのべたとおり、「平均値」の前後に、つりがね状の分布があるのが普通。20歳前後で初産のひともいれば、40歳前後で初産のひともいる。比率はおおきくないし、高齢出産になれば妊娠率はさがるし……、という現実はあってもです。それと「平均値」は「標準値」とはいえないし、「理想値」でもないわけで、「時間割」のように、「予定」どおりにはこばないのが人生の実際です。

そういった「誤差」「個人差」をとりあえずおくなら、1985年前後うまれの男女の恋愛結婚のばあい、であいが女性24歳：男性26

す。「3K」はともかく、「三低」は男性がストレス要因になることをさけたいという女性心理があきらかです。低依存でない男性は「おおきな男児」として、事実上ケアを要求してきたわけです。まあ軍隊経験とか運動部の合宿所ぐらしでも経験しないかぎり、おかあさんにしてもらったケアからひとりだちできないで成人になってしまうわけですから。

歳（2010年前後)、結婚が女性28歳：男性30歳（大体2014年)、第一子誕生が大体2015年ごろといった感じでしょうか？　恋愛結婚の平均交際期間が約4年、結婚〜第一子誕生が約1年間という統計があるようです。つまり、「コドモはほしいなぁ」とか「コドモは最低ふたり」といった、ごくささやかにみえる「標準的」な願望自体が、人生計画上そんなに融通のきく要素ではない、というみとおしがたちます。1990年前後うまれの男女がかりに2020年ごろまでに結婚にいたるカップルを形成していなかったばあい、すくなくとも「コドモは最低ふたり」などの方針はかなり困難かもしれないと。かりに、ふたりコドモがえられても、定年までにふたりの挙式や孫といったイメージはムリそうです。「40代後半には第二の人生開始」などとかんがえるひと、とりわけ「世間なみの家庭生活をおくりたい」といった層のばあい、うえにあげたような平均値的なライフコースとはことなった、「先手先手の展開」がもとめられると。

　逆にいえば、コドモ中心の人生をくむことのない男女は、人生設計にかなりの融通がききます[60]。

「おひとりさま」期間

　ついでいえば、上野千鶴子さんらが提起する「おひとりさま」期間も、アタマのスミには、おいておいた方がいいかもしれません（上野千鶴子［2007, 2009］)。1982-3年うまれの夫婦の平均年齢差が1.6歳前後で30歳時の平均余命が51.2歳／57.3歳という近年の動向

60　さきに、現代女性の一部は20歳前後の数年以外は全部「育児」する／される人生なのだとのべましたが（p.131)、江戸時代の農村の女性は妊娠・出産がらみで死亡する確率がたかく、男性より平均寿命がみじかかったし、結婚から末子出産までほぼ20年で、人生の半分以上が乳幼児のケア時間でした（黒木登志夫［2007］p.11、pp.42-3)。

が、1990年代うまれのみなさんが30歳になるころ（2025年前後）にどうなっているかはわかりません。ですが、多少の増減があっても、大差なく推移していくとすれば、女性の「おひとりさま」期間の平均は8年弱。「人生時間割」の最終部分が各人各様だとのべておきましたが、死別・離別ほか、「おひとりさま」時間は、そろって自殺・事故死でもないかぎり、長短はあれどもやってきます。「状況的役割」のひとつとおもわれる「未亡人」「あねさん女房」といった女性差別的な分類が死語になっても、「年下君」をえらばないと、女性の「おひとりさま」時間はかなりながいということです。

なお、単なる学校時代にかぎらない広義の教育現象を、世代差を前提とした関係性の問題系であるとみなす教育学的な視座をゆたかに提供してくれる問題提起の書として、宮澤康人さんの『〈教育関係〉の歴史人類学――タテ・ヨコ・ナナメの世代間文化の変容』を紹介しておきましょう。たとえば、つまにさきだたれた老人が主人公である、『カールじいさんの空飛ぶ家』（ピクサー・アニメーション・スタジオ；Pixar Animation Studios）では、軽度の知的障害をにおわせるアジア系の少年が準主役級の位置をしめます。コドモをもてなかった老人が、父親不在の少年の父親兼祖父という男性モデルを演ずるさまは、究極の「ナナメ」関係といえるでしょう。

回路⑧ パフォーマンス（スポーツ／ダンス／ショー）の政治経済学

さて、さきに、社会を「舞台」とみなすことで、うっかりみおとしがちなカラクリにひかりをあててみましたが、こんどはまさに「舞台」上で展開されるパフォーマンス自体にスポットをあてましょう。

スポーツは人間の本能か？

よく、「スポーツするこころは人間の本能」などというひとがいます[61]。でも、スポーツやダンスなどは、あきらかに文化的行動で、本能が命ずる行動様式ではありません。文化的行動ですから、時間・空間ごとにさまざまです。もちろん、近代オリンピックや各種ワールドカップなどによって、世界中にひろまった競技スポーツはあります。サッカー・柔道など、世界中に流行しているものがたくさんあります。でも、柔道はもちろん陸上競技やサッカーにも強豪国と無名国とは歴然と格差があります。世界中に流行といってもムラがあるのです。まして、サッカーのようなメジャーな競技スポーツとはちがった、あきらかにマイナーなスポーツは無数にあります。それらマイナー・スポーツの大半は、他地域では競技ルールどころか、なまえさえロクにしられていません。インド発祥でアジア競技大会では正式種目になっているけど、南アジア以外ではほとんどしられていないカバディとか、大英帝国の旧植民地を中心に絶大な人気をほこるけど、日本などなじみのない国では、種目名以外ほとんど理解されていないクリケット[62]などが、典型例です。

古代オリンピックを復興させたといわれる近代オリンピックです

---

61 たとえば「運動は、私たち人間にとって本能的欲求であり、心と体を快適・爽快にし、身体機能の維持向上や代謝、内分泌、自律神経などの本来のはたらき（恒常性ホメオスタシス）を正常に保つために必要不可欠なものだということは、様々な分野の研究から明確なエビデンスに裏付けられています」（日本健康運動研究所「なぜ運動は必要か」）。

62 クリケットワールドカップは世界中に放送され、視聴者数は何億人いるかよくわからないほどです（数億人とも20億人超とも）。インドでは一流選手がスーパースターだしライバルの対パキスタン戦では視聴率が80％超とか。

が、古代オリンピック種目である「パンクラチオン」は、めつぶし／かみつき以外なんでもあり、という暴力的な格闘技です(Wikipedia "Pankration")。おおくのばあい敗者の死亡が勝敗を決したらしいとか。「戦車競技」なども、現在の競馬などとはおよそ異質であり、陸上競技・レスリング・ボクシングしか連続性をみとめられません。裸体で競技され女人禁制(ニョニンキンセー)だったとか、祭神ゼウスにささげるための競技だったこととか、優勝回数をきそうことはあっても新記録更新といった発想はなかったなど(Wikipedia "Ancient Olympic Games")、およそ近代スポーツ大会とは異質すぎます(グートマン［1981］)。

現在史上空前の人気スポーツといって過言でない(日本はちがいますが)サッカーも、その起源を古代中国の「蹴鞠」にもとめるのはナンセンスでしょうし、直接の起源は19世紀イングランドのパブリックスクールで、それをうけた「ケンブリッジルール」(1846年)で満足するほかなさそうです。

要するに①ヒトという種が共有する遺伝子情報が、自動的にスポーツ的な運動文化を産出するわけではない。②古代ギリシアのように現在のスポーツの原型にみえるものも、運動文化や背景、競技者の動機などが全然ちがっていて、前史とはいえない、とまとめられるでしょう。さらにいうなら、スポーツをふくめた運動が「私たち人間にとって本能的欲求」であるなら、運動不足による肥満体が膨大に発生している北米のような現象はありえないはずです。

おなじことは、社交ダンスのような西欧起源の舞踊文化はもちろん、ヒップホップダンスのような融合文化にまでいえるはずです(ささえている音楽文化も)。言語文化が時間・空間ごとに多様であり、たとえば英語(イングランド語)のように、「世界化」したような広域文化もなくはないけど、世界中に無数の身体運動文化があって、その一部として各地の舞踊文化が展開し愛好されていると。おどりだ

3. 知の回路　　145

したくなるような内発的なエネルギーはたしかにあるけど、個人差と地域文化という多様性は無視できない。「私たち人間にとって本能的欲求」みたいなまとめかたは、やっぱり「本質主義」のそしりをまぬがれないでしょう。

バレエ・フラメンコ・オペラ・ミュージカル・京劇・歌舞伎・能楽などの舞踊劇・音楽劇はもちろん、サーカス・大道芸、プロレス・大相撲・ボクシングなど興行などをふくめた格闘技ほか、世界各地のパフォーマンス文化も同様です（ひろげてかんがえるなら、チェス・将棋・囲碁のような、「頭脳のスポーツ」とよばれる競技ゲームの対戦とその観戦もふくめてよさそうです）。

身体技法文化の制度的整備化

これら身体技法文化の共通点は、①サッカーなどの歴史でもわかるとおり、おおくは近代以前の前史をもちつつも、基本的には近代期に現在の原形が確立してブランド化したこと。②単にプレイヤー・パフォーマーが内発的に自由に運動をはじめ、くりかえすのではなく、定型化し体系化された身体文化が一定のルールにそって実行されること。③ブランド化した文化については、アマチュア・レッスンプロ・ツアープロ・ファン・パトロンという、おもに5集団が実践・享受をささえていることです。

第一に、これら広義のパフォーマンス文化は、大体かなりながい前史をかかえていますし、それなしには誕生・ブランド化しなかったことは事実です。しかし同時に、近現代、とりわけ19世紀後半以降の制度的整備、20世紀以降の資本主義や社会主義体制という政治経済的文脈におかれないかぎり、発生しなかったような変容も経験しています。サッカーのような世界的スポーツはもちろんのこと、ガラパゴス的な興行といえる大相撲でさえ、前史とは別次元の

組織化・定型化・商業化などが付随したからこそ、大規模興行・収益が実現しているし、世界的な大会やリクルートを可能にしています。すくなくとも世界的スポーツ・パフォーマンスなら、かならずほかのグローバル化現象と共通の事態が発生していて(たとえば世界中からの人材のリクルートと、世界中への商品の提供)、大相撲やブフ(モンゴル相撲)のような民族的興行なら、国民国家規模でのルール統一などさまざまな「合理化」「近代化」がすすめられるのです。柔道や剣道など武道ほか格闘技文化が、近代以前の武術とは、あきらかな断絶をもっていること、ほかの社会現象と同様、「伝統の創造」というべき、近代期の「発明」「創作」がかならずともなっていること、基本的に護身術や戦闘技法だったものがスポーツ化して、おおくは危険性をおさえて女性・高齢者・児童でも享受できるように規制がかかった点などもみのがせません。

　第二に、前項の制度的整備とかさなりますが、これら広義のパフォーマンス文化には強烈な規制がかけられており、個々人・小集団による自由奔放な身体運動とは正反対の方向性があきらかです。もちろん、クラシックバレエからモダンバレエやコンテンポラリーダンスなど自由さを追求する運動はあったし、レスリングやボクシングなどが近代的整備がおわったのちに発達した、キックボクシングや総合格闘技のようなながれはあるのですが、たとえば、古代の「パンクラチオン」が、めつぶし／かみつき以外、どんな攻撃もありだったといった方向性へと現代格闘技興行が自由化していくことは、かんがえられません。都市伝説レベルは、マフィアなどが非合法に興行化する、「地下プロレス」みたいなものがありそうですが、「地上」にあがってくることはなさそうです。舞踊・演劇だって、ギリヤーク尼ヶ崎(アマガサキ)さんのような大道芸系の創作舞踊のような、アナーキーなパフォーマンスがありますが、もしパフォーマーの真に自由

な発想によるうごき、いやご当人自身、瞬時にうかんだアドリブ的な動作だけの連鎖・休止だけでみたてたら、観衆が理解不能でしょう。歌舞伎・能楽・バレエ・オペラ・落語など古典劇にいたっては、先行世代の指導者による伝統継承が自明視されるだけでなく、観衆は、物語の展開を熟知しているのが普通です。映画の紹介サイトなどで、「以下ネタバレあり」といったことわりがあるのとは正反対で、観衆・視聴者たちは、基本的に展開を既知のものとしてお勉強して観劇・感激するのです。皮肉ないいかたをあえてするなら、「偉大にして壮大なるマンネリズム」(マニエリスム)でしょう。団体球技も、サッカーなど、キーパー以外は両腕でボールにさわれないといった、特殊な規制を軸にルールが構成されていて、むしろ、これらの規制をどうとらえるかによって、ラグビーやその亜種(「7人制ラグビー(セブンズ)」はもちろん、「タッチラグビー」「タグラグビー」なども)、アメリカンフットボール、フットサルなど、近接する別のスポーツがたくさん誕生したのです。

　第三に、制度化しブランド化したパフォーマンス文化には、かならずといっていいほど、アマチュア・レッスンプロ・ツアープロ・ファン・パトロンなど、おもに5つの集団が実践・享受をささえているとかんがえられます。もとより、近代以前にもレッスンプロ・ツアープロ・パトロンに相当する人物は存在したとおもわれます。たとえば、江戸相撲・大坂相撲(現在の大相撲の前身)などの前身は神社仏閣の再興・造営費用を調達するための勧進相撲(カンジンズモー)だといわれています。近世初期に、すでにプロ力士が存在しており、現在のツアープロのように各地闘技場を転戦こそしませんが、寺社というパトロンがあり、興行に対して募金しようという大衆(町人)たちがいたことがわかります。歌舞伎など大衆芸能は同様でしょうし、エリート文化としての能楽などもパトロンを前提にしたプロ集団がい

たということです。剣術などは、きりあいを興行にはできなかったでしょうが、試合のうわさが大名などにしれれば、藩士たちの指南役としてレッスンプロが誕生したはずです（宮本武蔵など）。

　ただ、近代以前には、大衆社会にあたるものが未成熟で、たとえば日本列島なら、大坂・江戸など、大都市がごく少数に限定されていたし、瓦版(カワラバン)などのマスメディアも諸都市の識字層限定のものでした。全国的なレッスンプロやファンは存在しなかったし、俳句・狂歌などの町人文化などを除外すれば、レッスンプロ・アマチュアのような師弟関係も限定的だったでしょう。

　しかし、武術をスポーツ・護身術などとして制度化した武道は、警察・軍隊・学校・町道場を舞台に大量のアマチュアを指導するレッスンプロをうみだしました。生活できるだけのファイトマネーがえられることが例外的であったにせよ、ボクシングなどのようにツアープロがうまれました。球技のなかでは、個人競技ですが、ゴルフやテニスなどのように、アマチュア・レッスンプロ・ツアープロ・ファン・パトロンを確保した種目もあります。20世紀後半以降のパトロンとは、選手（団）を広告塔として利用したい大企業、視聴率などを確保してスポンサーを確保したいマスメディアです。

　バレエや古典音楽のように、商業的な意味でのパトロンをもてないパフォーマーたちは、国家など公的組織の援助を事実上のパトロンにしています。パフォーマーの一部が民間の音楽学校や大学や中学高校などの教師としてのレッスンを主収入としてツアープロをつづけることもあります。

身体技法文化の政治性

　ところで、制度化の経済学的構造とならんで、みのがせないのは、アマチュア・レッスンプロ・ツアープロ・ファン・パトロンといっ

た社会という「舞台」のうえでの「役割」が、かならず政治性をおびてしまうという構造＝現実です。基本的に、「プロ」を調達するリクルート＝経済構造には政治性がつきまといます。たとえば大相撲力士の大半は東京大阪のような大都市周辺ではなく地方出身者からしめられてきました。外国人力士とよばれる存在も、過去にはハワイ出身者、現在は、モンゴル・ジョージア・ブルガリアなど、旧ソ連およびその周辺以外からの力士は例外的です。サッカーなどと比較して、あきらかに経済格差がある地域間での「デカセギ」の一種とみなすことが可能です（国際移動については、多木浩二［1995］）。

　おなじことは、サッカーや野球にもあてはまり、野球のばあい、環太平洋の人材が巨大消費地の北米・日本にあつめられ（谷口輝世子［2004］）、サッカーのばあいは、中南米の天才たちが、よりたかい年俸を理由に西ヨーロッパの一部リーグに吸収されています。

　重要なことは、こうした経済格差という文脈で発生する「労働移動」（デカセギ）が、つぎにのべる「おやとい外国人」「外国人タレント」とか「すけっとアスリート」のようなばあい以外、①大概差別意識がからまるという点、②ことばをはじめとして生活文化をホスト社会にあわせるのが当然だという、実質的な同化圧力がかかる点です。経済格差をベースとした、心身に対する差別・動員構造です。大相撲の外国人力士が実践する、みごとな日本語能力や、くりかえし経験するバッシングは、そういった差別・同化構造の産物の一種とかんがえられます。

　古典芸能や学術のばあいは、旧都から「後進地域」への「地方公演」といった構図がみてとれます。能楽などなら京都・東京から地方都市へ、バレエや古典音楽なら欧米から日本をはじめとした東アジアへ、といった「方向性」です。あえて差別的ないいかたをえらぶなら、明治期の「おやとい外国人」同様、先進地域の二線級の人

材が「みやこおち」して、後進地域に「でかせぎ」で「技術指導」「公演」にくる。そういった意味で、欧米人パフォーマーたちがレッスンプロ・ツアープロをつとめ、ファン・パトロンとしての東アジア（発展途上国）が市場化されてきたともいえます。大消費地としての現代日本は、経済力にあかせて、「デカセギ」を吸収する。そのなかには、経済格差を前提に上昇移動したい野心的な部分と、日本人の劣等感（身体性とか使用言語とか）や事実上の後進性に「つけこむ」かたちで市場化する部分という来日層が混在しています。

健康志向のシンボル化

　もうひとつ、みのがせないのは、アスリートたちの心身が、のちにのべるような健康志向のシンボルと化している点です。次節でのべるとおり、アスリートをふくめたパフォーマーは、理想の心身だというイメージが形成されています。しかし、すくなくとも、ファッションモデルや女優たちは、わかい女性たちの身体的な理想像という位置をとびこえて、幻想上の目標と化し、ついには摂食障害のような病理ももたらしているといえます。

　たとえば「図録やせ過ぎ女性比率の国際比較」によれば、日本人女性は1わり強（9人にひとり）という水準で、やせすぎ（BMI＝体重[kg]÷身長[m]÷身長[m] < 18.5）とされていて、第三世界なみとなっているようで、ひとりあたりGDPで同様の国家群からは突出しています（http://www2.ttcn.ne.jp/honkawa/2205.html. なお、BMIの理論的根拠については、前掲、黒木登志夫［2007］pp.57-64）。

　おなじく「図録男女の体型（肥満・やせ）の実際と自己認識」（http://www2.ttcn.ne.jp/honkawa/2203.html）では、10代後半と20代の女性の2割前後がやせすぎ水準なのに、そう自覚しているのは10〜15％程度しかないとされています。これらのズレは、やせすぎの自覚の

欠落を意味しており、潜在的な摂食障害とみられます。「自分はまだこぶとりである（不充分にしかスリム化できていない）」という、いわゆる「醜形恐怖」（身体醜形障害）の一種であり、きわめて危険な心理といえるでしょう。

そして、こういった日本人女性のわかい世代のスリム化傾向は、「図録日本人の体格（BMI）の変化」(http://www2.ttcn.ne.jp/honkawa/2200.html) によれば、第二次世界大戦終了直後からすでに 20 歳代で兆候がみられますが、1980 年代には平均 21 をわりこんで漸減傾向がつづき、90 年代以降、やせすぎ比率が 2 割強を維持したままです（「図録やせ過ぎ女性の動向」(http://www2.ttcn.ne.jp/honkawa/2202.html)）。おそらく、スーパーモデルとか読者モデルといった女性の目標となるメディア上のヒロインがテレビ・雑誌などに頻繁に露出し、「自分は不充分」幻想が支配的になったのではないでしょうか？

ファッションモデルや女優たち自身は、ステージ上にいきのこれるか、それこそ死活問題で体形維持に必死であり、かのじょたちを倫理的に非難したところでナンセンスです。しかし、かのじょたちは、20 世紀中盤までは豊満さが女性らしさを象徴していた欧米社会の価値観が転換したあとのスリム化志向の権化(ゴンゲ)といえるでしょう。かのじょたちは、欧米の中産階級の女性たちの上位層が、ゆたかさの象徴として、豊満さではなく、贅肉(ゼーニク)をそぎおとせる精神的ユトリという方向性を選択したことの忠実な反映だとおもわれます。実際、20 世紀前半には、アメリカを中心とした農業革命（化石燃料をふんだんに利用した機械化による農場の工場化）によって、都市部住民は総じてこぶとりになれるだけの食糧事情が達成されました。貧困層でも肥満化できるだけのゆたかさが都市をおおい、20 世紀後半には肥満度と貧困とが相関をもつようにさえみられるようになりました。「勝ち組」の象徴とは、多忙な日常のなかに時間を確保しスポー

ツクラブにかよう経済的ユトリ、並行して、脂肪分をおさえめに繊維質などをおおめにといった栄養学的に妥当な食生活を維持できる精神的ユトリと変化しました。スリムな体形がクローズアップされるようになったわけです（肥満と集団心理・産業社会については、デボラ・ラプトン［1999］、マリオン・ネスル［2005］や、前出のエリック・シュローサー［2001］など。肥満と社会階層との関連については、三浦展［2009］がとりあげていますが、前提の差別意識には注意が必要です）。

　肥満かどうかが昇進などに影響するという説（身体管理ができない→自己管理ができない→部下の指導力にも疑問……といった判断・偏見など）もあり、実際就職に不利という調査もあります。

「太め」の顔　就職に不利　仏の研究者　ニセ履歴書で実証
【パリ＝冨永格】フランスの社会研究者が、肥満が就職活動に影響するかを調べるため、コンピューターで求職者の顔写真を「太め」に画像処理したものと、本物の顔写真を使い分けて応募してみた。肥満に見せかけた求職者に企業が接触してくる割合は、本物の半分。姿を見せない電話利用の職種でさえ、太めを嫌う傾向があった。

　この「実験」は、外見による差別を研究しているパリ第1大学のジャンフランソワ・アマデュー教授（差別研究所所長）が企画した。

　白人学生の本物の顔写真を添えた履歴書と、写真だけニセ肥満に加工したものを50通ずつ用意、今年7月、接客セールス系を求めている計100社に送った。電話勧誘係を探している他の100社にも、別の白人学生による同様の履歴書を50通ずつ送った。

　本物の写真を送った100社では、57社が面接日を相談し

3.　知の回路

てくるなど前向きな反応を示した。肥満体に見せかけた写真を受け取った別の100社では前向きな反応は29社だけ。業種別にみても、前向き反応の割合は接客係で本物64％、肥満20％と大差がついた。

　見た目は関係ないはずの電話勧誘でも本物50％、肥満38％だった。

……フランスでは、肌の色など身体的特徴で採用の可否を決めるのは違法行為。

……アマデュー教授は「たとえ無意識だとしても、見かけによる差別があるのは明白。履歴書から早急に写真を外すべきだ」と統括している。

　　　　　　　　　　　　（朝日新聞、2005年10月1日付国際面）

　日本のわかい女性は、30代→40代と年齢をかさねるうちに、冷静になっていくかもしれませんが、さきに紹介した「図録日本人の体格（BMI）の変化」によれば、30歳代女性は1970年代初頭から、40歳代50歳代女性も1990年ごろからBMIを低下させているようです。日本人女性は、欧米からスリムだとほめられてきましたが、それは肥満気味の欧米と比較したばあいであり、やせすぎ女性の比率や平均水準のスリム化が中年層にまでひろがる近年、それは、アメリカ女性の理想などと、よろこんでいるばあいではなさそうです。そして、世界にひろがる"KAWAII"ブームなどは、豊満さとは対極にある、日本のアイドルのスリム志向を、これまでのスーパーモデルたち以上に強烈に発信し、影響力をつよめるかもしれません。

　また、あとでのべる、不老志向（準青年期のひきのばし）やアナボリックステロイド剤などによる身体改造も、広義のパフォーマーたちの身体イメージがメディアで大量流通しないかぎり、おこりえな

い現象だろうとおもいます（〈回路⑨濃縮・膨張する心身〉）。たとえば、男性の身体能力の中核をになう筋肉増強も、筋力をたいして必要としない経済先進地域の大都市部の日常生活が定着したからこそ、逆説的に男性らしさの象徴になっているふしがあるのではないでしょうか？　狩猟・戦闘などとは無縁な時間・空間だからこそ、筋肉質志向（たとえば「ほそマッチョ」）として男性身体の理想像が形成される。あるいは、女子のトップアスリートの身体能力が大多数の一般人男性をおおきくしのぐにもかかわらず、トップ層も男子選手にはかなわない……といった理由だけで、「オンナはよわい」といった本質主義的な男女イメージが実体であるかのように誤解が定着されてしまう（ましこ［2005］5章4・5節、［2007］6章3節）。「ガイジンにはかなわない」といった人種主義的な宿命観や排外主義がはびこるとかもふくめ、アスリートたちの身体性と固定化（物象化）したステレオタイプは、当人・関係者の意識とは無関係に、その政治性（男尊女卑イメージ、ほか）がひとりあるきしてしまうのです。

　女子選手／タレントが、女性の本質を代表する存在として、男子選手／タレントとの関係性が、男女の性差を象徴するかのように固定化したイメージができる。ヨーロッパ系とかアフリカ系とかいった「人種」概念が、「日本人」全体と質的に断絶しているイメージとして、パフォーマーの身体性をとおして定着していく。……そういった構造の政治性に、当事者・関係者は、悪意はもちろん明確な意図などもちあわせていないでしょう。しかし、身体性のイメージは、さまざまな優越感・劣等感をおびた象徴として流通していくと。

　運動神経がにぶめでも、自尊心のキズにはなりづらい女子とか、男子のばあい、サッカー・野球・バレーボール・バスケットボールなどで、あきらかに「はやうまれ」が不利（誕生月での輩出率に統計的有意がある）（「早生まれは損か」http://www.volleyball.gr.jp/hayaumare.

htm)だとかをみても、個々人の成育史に無視できない影響が推測できます。すでにのべた「役割」論との関連でも、みのがせません。

回路⑨ 濃縮・膨張する心身：身体加工／薬物／ペットロス／心理主義

「不老長寿」志向

　近代以前から「不老不死」「不老長寿」志向はなくなることがありませんでした。中華帝国の皇帝たちのはなしはもちろん、近代化学の前身となったといわれる錬金術も、不老不死のための「エリクサー（生命のエリクシール）」をおいもとめる技術だったようです。

　しかし、現代社会における「不老長寿」志向は、空前の動向をみせています。ちがいは大衆化という側面と、準青年期意識ともいうべき心理です。ここで「大衆化」というのは、近代以前の「不老長寿」志向が、基本的には特権階級の「占有物」でしかなかったのに対する、現代の意識の分布状況をさしています。現代社会においては、「変人」以外、万人が「不老長寿」志向を共有しているということです。「ふとくみじかく、ぱーっと」とか「30すぎるまでに、しぬ」といった極端な意識もありますが、大半の人間は「わかわかしく、ながいきしたい」とねがっています。

　いや、皮肉なことに、「ふとくみじかく、ぱーっと」とか「30すぎるまでに、しぬ」といった反「不老長寿」意識とは、「不老長寿が困難で現実的にかなわない」という判断からうまれた、ひねくれた心理の産物です。ファンタジーなどで、「千年としをとらない吸血鬼一族」といった設定がなされることがあり、そこでは「不老長寿」が悲劇的な意味をもたされますが、それは「歳歳年年人同じか

らず」(「年年歳歳花相似歳歳年年人不同」(『唐詩選』)) という普遍的現実を直視しての虚構でした。すくなくとも大半の人間は、「ふけないですむなら、ひとよりながいきしたい」と、ねがっているのです。

　これは、高齢者がおおかれすくなかれ心身に障碍(ショーガイ)をもって、日常生活にいろいろな困難をかかえているという事実から、逃避したいという心理の産物でしょう。だから60前後の世代は「ピンピンコロリ」といった、死の直前まで元気といった理想をえがき、寺社に祈願にいったりするし、30代後半の女性たちなら「美魔女」といったカリスマにもりあがって、一時的にせよ、そのまねをしようと努力をかさねるのでしょう。これらは、「(わかわかしい) 中年期」の極大化志向であり、「(わかわかしい) 中年期」イメージとは準青年期のひきのばし志向なのだとおもわれます。女性たちが、ファッションモデルや女優、あるいはバレリーナなどを理想視し、男性たちがアスリートやパフォーマーの体形に、ほんのすこしでもちかづこうとするのは、パフォーマーたちが40歳前後でも20歳前後の一般人に機能美でまさることはもちろん、むしろ、わかわかしいとさえおもえるからでしょう。そして、機能美はアスリートやパフォーマーだけではなく、消防士や軍人などの肉体にもみてとれます。たとえば、「沖縄救急ヘリNPO法人MESHサポート」への募金を目的として発売されたチャリティーカレンダーの「沖縄消防士カレンダー」(沖縄FFCP) の彫像のような筋肉美などは、ほれぼれする水準です。

　いずれにせよ、これらの美意識はいずれも、高齢者をふくめた障碍者の身体にちかづくことをおそれ、そこまでの時間を最大限にひきのばそうという心理としてまとめることが可能でしょう。しかも、それは、テレビ・雑誌をはじめとする画像の大量発信によって、大衆的な欲望となりました。このことは、実は近代以前の特権階級の願望とは正反対の、実に皮肉な構図をもたらすことになります。不

老不死のための「エリクサー（生命のエリクシール）」探求は化学的に不可能だから失敗したのですが、現代の彫像美の体現者たちは実在の人物です。そして、彼（女）らは、特異体質ともいうべき資質か、ないしは、超人的な身体管理を維持することで、美をたもっているにすぎず、およそ大衆的に達成することなど不可能な水準なのです。近代以前の特権階級の願望など、民衆は無縁な一生をおくりました。しかし現代の大衆社会では、マスメディアが男女の理想像（セクシュアリティによって実は多様ですが）を大量配信して欲望をコピーさせます。しかも、少数の実在の人物が、自分たち大衆には到底到達不可能な次元を（化学的には可能だと）みせつけています。そこで、女性ならメイキャップとか美容整形、男性なら薬物利用などを介した理想への「接近」がはかられるのです。

　ちなみに、近代以前はもちろん、近代初期までは、「老人らしさ」というものが実体として共有されていたとおもわれます。実際の加齢による容姿・体力のおとろえは、ともかくです。たとえば、棄老伝説に取材した深沢七郎の『楢山節考（ナラヤマブシコー）』では、まだ一本もぬけていない歯がはずかしい（歯がすくないことが加齢として自然な食欲減退を象徴するのに）ということで、山奥に遺棄されていく老人（主人公の老女）が歯をみずからぬく過程がえがかれます（黒井千次［2006］pp. 68-71）。また、アイヌ民族の長老だった萱野茂（カヤノ・シゲル）さんが政界（参議院）を引退する際「人（狩猟民族）は足元が暗くなる前に故郷へ帰るものだ」ということばをのこしたのも象徴的です。引退を思案する政治家と「現役」狩猟民の身体能力を隠喩させているからです。「足元が暗くなる」とは、夕闇がせまるころと加齢（視力低下と脚力低下）とが、かさねられているものとおもわれます（自然な障碍者化としての加齢）。深沢七郎／萱野茂両氏と支持者たちには、（劣等感・羞恥心とは無関係な）確固たる自然な老人像があったといえそうです。

そして、こういった年齢イメージは、なにも高齢者に対してだけではなく、既婚者になることとか、中年になることとか、それぞれの年齢階梯に対しても「合意」があったとみるべきでしょう。現代社会は、よくもわるくも、それをかなりの程度破壊したといえます（ましこ［2007］6章2節）。

身体加工

　ところで現在では、メイキャップは女性のもので、男性は芸能人など特殊な層だけのものとみなされているでしょう。しかし、歴史学や人類学がおしえるところでは、魔よけや紫外線防止などを目的として、男性の化粧は、歴史上さして例外的な現象ではありませんでした。そして、外見的印象をかえようという文化は、化粧だけでなく、いろいろなものが誕生しました。女性の足をちいさく加工しようとして漢民族のあいだで清朝期ごろまで[63]ほどこされつづけた「纏足（テンソク）」。生殖器を一部ないし全部切除する去勢／割礼／女性器切除。身体各部にほどこされてきたタトゥーやピアス。それらの一部はすたれましたが、現在でも維持されている身体改造は、いろいろあります（鶴見済［1996］、改造人間プロジェクト［1997］）。そして、それらは、近代以前の身体改造とはことなり、固定化した社会的身分・属性を象徴する機能ではなく、改造者の身体観・人生観・世界観など思想性とか、自己責任による決断を象徴するものとして、本人ばかりでなく周囲にうけとめられているでしょう。女性の化粧のモー

63　満州族であった清朝政府は、不衛生であるとして皇帝名でたびたび禁止令をだしたものの、漢民族は、やめなかったようです。辛亥革命で清朝が打倒されたあとに纏足が急速に衰微したというのは、近代社会がもたらした女性の地位向上のせいですが、皮肉なことです。

ド選択ひとつとってもです。

そして、身体加工は、身体の一部をおおきくきりとったりするような「身体改造」だけには、かぎられません。美容整形やボディビルディング、かつらやヘアーエクステンション、パーマネントウエーブとか、エステティックサロンなどの痩身マッサージや体毛処理（脱毛・脱色など）、ネイルアートなどは、性差文化でもありますが、ともかく現代社会をいろどる身体文化といえそうです。

外見上は、わからないものの、医療用の手術による身体加工も、一応例示しておきましょう。心臓ペースメーカー、人工弁（心臓）、人工肛門、眼内レンズ（白内障手術で水晶体摘出後に挿入される人工水晶体）、レーシック、ボルト（ひざ手術）、義手・義足……など。

義足は、オスカー・ピストリウス選手（南アフリカ）のように、（パラリンピックでの出場ではなく）400 m競争や、4 × 400 mリレーでは世界的水準に達しているケースがありますし、凍傷・両ひざした切断で義足になった登山家（マーク・イングリス）がチョモランマ（エベレスト）登頂に成功しているとか、「パラリンピック選手は一般人以上の運動能力がある」といった感傷的な気分をふきとばす、サイボーグ的な世界もはじまっています。いえいえ、眼内レンズ挿入などは、ごく簡単な手術で、しかも強度近視が「根治」するというのですから、手術による「改良」はもうはじまっているのです。押井守監督のアニメーション映画『イノセンス』(2004年) のばあいは、まさにアンドロイドとサイボーグのたたかいが軸になりますが、SFアニメの世界は極端な設定にしろ、わたしたちのまわりでは、さまざまな「部品」を体内にうめこむことが実用化しています。たとえば自分の能力の増大ではありませんが、ICチップのうめこみ（GPSによる位置監視）などもふくめて、虚構の世界と「対岸の火事」視していればいいという時代ではなくなっています。これらは、前述し

たような、身体改造者自身の思想性を表現しているか微妙なものもありますが、治療やリハビリなどもふくめて、「よりよい心身」という上昇志向を共通点としてもっているとは、いえそうです。

印象操作

つぎに着目したいのは、表層部分の身体的特徴を管理する「加工」です。ひとつとりあげるなら、薄毛・無駄毛対策でしょう。いずれも男性性／女性性と加齢とが交差する印象操作といえます。

まず、「薄毛」対策は、かつらを中軸に、さまざまな技術が開発されてきました。近代以前にも、ノミ・シラミ対策だったりのなごりだそうですが、欧州での男性かつら文化がありました（音楽家たちの肖像画とか、イギリスの法廷などでおなじみ）。日本列島でも歌舞伎など演劇関係でおなじみです。しかし、近代以前の「男性かつら」文化は、基本的には劇場的な空間でのファッションでした。

それに対して、現代における「男性かつら」文化は、端的にいえば、ハゲかくしです。芸能界など、容姿が決定的な要素をしめる世界では、「ヅラ」といった隠語がとびかい「ヅラ疑惑」のタレントなどのうわさがとぶ。それをネタに話題づくりにしたりする高度な戦術もあるようですが、人気が不動の実力派にしかムリでしょう。そして、芸能界などでない一般社会での、かつら利用者は、ひとにいえない秘密をかかえた人物として、いきていくことになります。女性は男性の容姿のなかで基本的には欠点としかみなさず、しかも、そういった女性意識（差別）を男性までもそれをイジメの素材にします。ひやかすことを、単なる冗談だと正当化し感情的になる様子をおもしろがり、差別を追及するような反論を空気がよめないとばかりにかわすという包囲網のとりこです（須長史生［1999］）。

しかし、かつら業界の調査によれば利用者の男女比はすでに逆転

3. 知の回路

しているようです。女性ホルモンの存在ゆえに、女性の「薄毛」は、男性以上に加齢の象徴となってしまうからでしょう。

一方、無駄毛処理は「薄毛」対策と対照的に男性ホルモンの問題でしょう。女性たち、特に北米や東アジアの女性たちの一部は、頭髪とまゆげ／まつげ以外の体毛が皆無であるかのような演出をしようとするわけです。おそらく男性ホルモンが発現させる体毛は、男性性（女性性の対極）の象徴にとどまらず、動物性を含意しているのでしょう。体毛がほとんどない乳幼児をこえて、非ほ乳類であるかのような方向性へと女性の一部は自身の身体イメージを加工しているのです。これは一見加齢とは無縁にみえますが、おそらくそうではないでしょう。乳幼児の皮膚がすべすべであるというイメージは、加齢と正反対だからです。つまり、対男性性という意味と対成人性（反加齢）という意味で、無毛化が追求されるのでしょう[64]。

もっとも、すくなくとも現代日本のばあいは、単純に男女差を強調する方向性からはかわりつつあります。たとえば、頭髪・ヒゲだけではなく、まゆげ／四肢の体毛などの処理をおしゃれの不可欠の要素として位置づける男性はごく普通ですし、「一号ちいさいあのブティックの商品をきたいから、やせる」といった男性などの登場さえ報告されています。

つぎに焦点をあてたいのは、美容整形やボディビルディングなど、身体的特徴を長期的・安定的に変形する加工と、それを選択する現代的心理です。ふたえに加工する手術など軽微なものから、性転換

---

64 体毛が極端に減少し頭髪などに極限される現象は、ほかのほ乳類との異質性であるだけでなく、家畜にも共通する現象のため、動物学者／人類学者は、ヒトをみずから家畜化したものとみなし、「自己家畜化」とよんでいます（ほかにも生殖期間の長期化など）。第二次性徴期以前の乳幼児は胎児的ともいえるわけで、現代女性の体毛意識は、興味ぶかいものです。

手術にいたるような心身の深部におよぶような手術。アナボリックステロイド剤をもちいた極端な筋肉増強。これらを特徴づける、いくつかの現代的な構造がみてとれるとおもいます。

　まず、性転換手術などを除外すると、美容整形は、「美容」ということばが直接的にしめすとおり、劣等感や違和感が動機としてあります。女性などが、決して安価とはいいがたい手術を選択するのは、施術部位が、まぶたにせよ、腹囲（たとえば脂肪吸引）にせよ、「自分のここがイヤ」という自己卑下があり、自分がおもいうかべる人間像から相対的におとっているという意識がみてとれます。

　ボディビルディングや、それを超加速化できる（大会などでは禁止薬物にあたる）アナボリックステロイド剤の利用も、「外見上貧弱にみえる筋骨を隆々（リューリュー）とさせたい」という劣等感や上昇志向がみてとれるでしょう。北米では、アクション系スターやプロレスラーなどが使用したアナボリックステロイド剤が、青少年の一部をとりこにして、筋肉隆々を「促成栽培」することが流行、社会問題化しているようです（町山智浩［2009］。後述）。

「外見至上主義」と変身願望

　アメリカ自動車産業の浮沈を象徴するデトロイトを舞台に、移民社会の動向をえがいた、クリント・イーストウッド監督・主演の映画『グラン・トリノ』の登場人物の大半は、ベトナム難民の一種であるモン族です[65]。モン族の姉弟と家族をモン族ギャングからまも

65　「〜族」という民族集団名称は差別的であるという指摘があります（スチュアート・ヘンリ［2002］）が、ここでは通称にしたがうことにします。なお、主人公はポーランド系で、友人たちはイタリア系・アイルランド系と、おなじカトリック系です。住宅地周辺をうろつくチンピラには、アフリカ系やプアホワイトたちがえがかれますが。

ろうと、主人公はたちあがるのですが、ギャングたち若者の大半が、同族の成人たちより、2まわりぐらい大柄であるのが、めだつのです。おそらく、かれらはギャング同士の対抗上、銃器による武装だけではたりず、筋肉隆々になる必要性があったのでしょう。

「モン族の女は（アメリカ社会に）適応して大学までいけるけど、男は刑務所にいく（Hmong girls over here fit in better. The girls go to college, and the boys go to jail.）」という、姉の社会評（強烈なアメリカ批判）の不吉な予言どおり、かれらは刑務所いきの結末をむかえます。ギャング同士の抗争ではなく自滅というかたちですが。かれらの不器用さ＝不適応ぶりは、男性性の産物でもあります。しかし同時に、それは男性を労働力としての市場評価しかしない資本主義の結果だし、移民国家アメリカの意外な排外主義をうきぼりにします。そんな自由主義をうたった差別的空間で劣等感を補償する経路として、マッチョな身体という突破口がさしだされる。モン族系移民二世の不適応は、ギャングのムキムキ体形として象徴化されていると。しかも、それが中産階級＝趣味的なスポーツクラブとかではなく、サバイバルの武器として意識化されているとおもわれます。

いや、さらにいうなら、この作品がおそらくデビューとなる東アジア系の移民二世たちは、おそらくアナボリックステロイド剤で、役をいとめたのではないか？　社会の裏街道をやむなくえらんだ青年たちを演じるかれら。しかし、その上昇志向を、筋肉増強剤がささえたとしたら、イーストウッドがおそらく意図せずえがいたのは、アメリカがかわらず維持する可能性（多元性／柔軟性／創造性）という皮肉、いえ、いやしがたい病理ではないか？

こういった身体改造と、それへの薬物利用ととなりあわせとして、議論すべきなのは、当然、薬物依存をふくめた、化学物質への依存構造です。それは、ドーピングなど社会的に「不正」とみなされる

ことを罪悪視するような観点からではありません。健康栄養食品やサプリメント、天然水指向とか、さまざまな「カラダにいいこと」とか、摂食障害・味覚障害とかをふくめた糖分／塩分／脂肪分／辛味成分などへの依存など、日常的な飲食の延長線上にある現象・習慣などもふくめれば（幕内秀夫[2010]）、坑うつ剤を「ハッピードラッグ」として援用しようといったアメリカでの薬物利用までもふくみます。習慣性／依存性／毒性があるといわれる薬物と比較したときに、アルコールやニコチンが禁止されないなら、ソフトドラッグは合法化すべきだといった議論もありますが、ここでは、たちいらないことにします。ここでは、利用するだけでは違法とされない筋肉増強剤や興奮剤（ドーピングなど競技者にだけ禁止されている）などもふくめて、薬理作用になぜ依存し、ときにやりすぎるかをとりあげたいとおもいます。

　まず、もともと、ヒトの生理作用として、たえがたい苦痛をのりこえるために、鎮痛作用や陶酔作用のある脳内麻薬（たとえば、エンドルフィン）がでるようになっています。ランナーズハイ[66]なども、その産物でしょう。ランナーズハイなどが、本来、苦痛を一時的に回避して苦境をのりこえる整理作用だったのに、なんらかの理由（たとえば空虚感など）で快感体験にハマってしまう層がです。当然、苦痛→物質分泌→快感→禁断症状→苦痛→……というサイクルへの依存症になるわけです。

　このように脳内麻薬でさえも依存症が発生するわけですから、疑似脳内麻薬としての薬物は、ランナーズハイのような禁欲的・マゾ

66　長時間はしりつづけることで、エンドルフィンなどが分泌されることで、モルヒネににた薬理作用がおこり、鎮痛効果で、くるしさから解放され、気分がたかぶってくる現象。

ヒスティックな姿勢がとれない一般人にとっては、とても便利な手段といえそうです。じみちに筋力トレーニングによって筋肉増強をはかるだけの時間・資金・精力がない層がアナボリックステロイド剤にはしったのと同様です。とりわけ、自分の心身に自信をもてず、劣等感や空虚感にくるしんでいる層にとっては、まさに救世主でしょう。一時的にしろ全能感がえられ（劣等感がわすれられ）るという快感体験をあじわってしまえば、それがわすれられなくなります。

　少々メカニズムはちがいますが、美容整形による自己改造への際限ない反復・依存も同様でしょう。最初は、自分が信じる平均像とのズレ、理想像との落差をうめようと、劣等感から施術にふみきったでしょう。しかし一度「成功」してしまうと基準はドンドンずれていきます。いわゆる「醜形恐怖」（「身体醜形障害」）と同様、客観的な形状とは無関係な劣等感・忌避感が作動します。自分のカラダはみにくい／まちがっている。といった妄想が当人を支配するのです。したがって、最初の美容整形の「成功」は、倦怠・失望・落胆などとして、さらなる施術を要求します。おそらく「改善」「成功」の快感体験はちゃんと経験されているのです。そして、それを反復したくなる。「改善」されたはずの身体でも再発する不満は、つぎの快感体験をまちのぞむ禁断症状のようなものかしれません。

　いずれにせよ、薬学や医療技術は、マスメディアが大衆をあおった構造と並行したかたちで、ひとびとの欲望を刺激します。劣等感をつぎつぎと刺激し、「改善」欲求をよびおこす。際限なく、技術依存をおしすすめかねない時代状況がうまれたのでした。前述した町山智浩［2009］『USAスポーツ狂騒曲　アメリカは今日もステロイドを打つ』の冒頭部分には、つぎのような一節がつづきます。これを、アメリカだけが異常な空間と一笑に付せるでしょうか。

ステロイドが生まれてからスポーツ選手の身体は急激に変化していった。そもそもアメリカンコミックのヒーローたちはみんな筋肉モリモリだった。星条旗の前でたくましい胸を張るスーパーマンがアメリカの男の理想として子どもたちに刷り込まれた。……ステロイドがそのありえない身体を現実にしてしまった。

　デカく、強く、それはアメリカの思想だ。スーパーサイズのハンバーガーとコーラをむさぼり、戦車のようにガソリンを食らうSUVやトラックを好み、ガソリンを求めて戦車で敵国に攻め込む。

……人体改造は女性のほうがすごい……

シリコンで乳房を膨らまし、フェイスリフトとボトックでシワを取り、リポサクションで脂肪を吸引する。実はステロイド剤は筋肉増強以上に女性に若返り用に消費されている……

……アメリカには、息子をバスケットボールの選手にしたいために、成長期の子どもに成長ホルモンを投与する親が実際にいる。もちろん絶対に検査には引っかからない。

「もうすぐジン（遺伝子）ドーピングの時代が来る」

……クリスは遺伝子操作で作られた筋肉牛を見せる。全身すさまじいばかりの筋肉の塊だ。遺伝子操作で超人が生まれたとき、スポーツ界はどう対応するのだろうか？　身体は化学の力でいくらでも増強できる、では、心は？　……アメリカ人は『不可能』という言葉が嫌いだ。

　プロレスラーの多くがリングでテンションを上げるために覚醒剤やコカインなどアッパー系の薬物を常用し、それで死亡する事件が相次いだ。……

……アメリカのクラシック演奏家の半数がステージでベータブ

ロッカーという「アガらない薬」を使用している……。……学生たちは試験前に勉強するとき、「スタディドラッグ」を服用する。……成分はアンフェタミン。つまり覚醒剤だ。

　アメリカ空軍はその発足時から、出動するパイロットたちにアンフェタミンを服用させている。……イラク戦争に従軍した兵士たちは……抗うつ剤……を支給され、躁状態で戦闘していた。

　……目覚めると興奮剤を飲んで気合を入れて出勤し、悲しみは抗うつ剤、怒りは精神安定剤で鎮め、……睡眠薬を飲んで眠る。今の精神状態が自然なのか、薬物で作られたものなのかわからなくなっていく。心も身体も人工的なバーチャルリアリティに生きている。（pp.8-10）

『アメリカ病』などもふくめて、24時間体制で資本主義市場という「闘技場」をしのぐさまを病理としてえがく論調は、すくなくありません[67]（矢部武［2003］）。しかし、アメリカ社会は、現代世界の大衆的な欲望を濃縮してみせているだけで、例外的な病理現象としてかたづけられないようにおもえます。不老長寿志向の根幹ともいうべき「外見至上主義」的風潮は、大衆社会の重要な本質のように

---

[67] アメリカのばあい、エリートたちさえ精神的にキツそうな病理的状況をえがいているのは、越智道雄［1998］など。一方で、プロレスラーなみの筋肉を誇示しライフスタイル全体のブランド化戦略に利用するアメリカの一部ラッパーたちは、消費文化の象徴のようにみえながら、その過剰さが、既存の消費文化への抵抗だという見解もあります。みかえりをもとめず、ひたすら純粋な消費に徹するという自己目的化（無意味化）した肉体の誇示は、現代の消費文化への挑戦だと（後藤吉彦［2010］）。しかし、それは前述したとおり、皮肉なのではないでしょうか。

みえます（石井政之［2003］、鈴木由加里［2006］。また、外見だけでなく、アメリカ社会だけの病理として一笑に付すわけにはいかない清潔志向については、スーエレン・ホイ［1999］など）。近代にとどまりませんが、「変身願望」（宮原浩二郎［1999］、宮原浩二郎・荻野昌弘編［1997］、片桐雅隆［2003］第2章）なども、みのがせない意識です。

ヘルシズム

　また、「不老長寿志向」は「外見至上主義」的風潮だけでかたづけられる問題ではありません。社会学／人類学周辺では、「健康至上主義」とか「健康幻想」といえそうな社会現象を、「ヘルシズム（healthism）」とよび、健康を指向する心身の病理という皮肉な逆説がなりたつことが問題化されてきました（デュボス［1997］、八木晃介［2008］、上杉正幸［2008］、［2002］、飯島裕一［2009］、［2001］、野村一夫ほか［2003b］米山公啓［2000］など）。健康のためにいろいろ気をつかわない個人は、不可解・不謹慎な存在とされ、公的にも不健康さが義務違反だとか自業自得であるとかいったふんいきが支配する（「生活習慣病」「健康増進法」など）。ある種、近代の富国強兵をしたざさえするような、人的資源論の一種であり、あとでのべる脳死移植・尊厳死を当然視するような論理もふくむ、広義の優生思想が、現代社会をおおっているといえます（「優生思想」と健康志向をささえる医療技術の進展の関連性については、市川容孝＋松原洋子［2000］など参照）。健康志向は、「あきらかな優先順位があり、劣位の生命は無用に生存して希少な資源を浪費すべきではない」といった優生学的判断をはらんでいます。たとえば「脳死とは、時間をあらそうレシピアントに贈与すべき臓器を無意味にかかえている劣位の生命状態であり、即刻処理をうけるべきだ」といった判断が自明視されるでしょう。「健康」という、「幸福」同様、一見文句のつけようのない

3. 知の回路

状態を追求しろ、と強要されれば反論しづらく、いいわけすること自体罪悪感をもたされそうです。この問答無用の脅迫=強迫的な風潮は、たとえば喫煙者から「禁煙ファシズム」といった反発もうみだしました。おおかたのギャラリーは、喫煙者のヘリクツのようにききながし、あるいは冷笑・批判するかもしれません。しかし、「健康至上主義」や「健康幻想」は無自覚な集団ヒステリー症状の可能性があり、「ヘルシズム=健康ファシズム」というそしりは、しかたがないのではないでしょうか？　健康の自己目的化=手段／目的のとりちがえが、みられるからです。

　ところで、自分の身体を物理的・化学的に改造してしまおうという発想は、なにを基盤にしているでしょう？　端的にいえば、人体を心理・意識とは別次元にある物体として対象化しているということです。逆にいえば、自分の大脳が「司令塔」「パイロット」で、身体が「モビルスーツ」(機動戦士ガンダム)や「エヴァンゲリオン」みたいなものでしょうか？

　メカニズムにたとえる理由は、「たのしさ」「意外性」からではありません。「戦闘」や「移動」など、「目的」があり、そのための「手段」として「装置」があり、「装置」は当然、分割可能な「部品」の集積体として成立している。「目的」にそって「装置」を「操作」する「人格」が実在する……。

　ステロイド剤などによって筋肉増強をおこなったり、躁状態を維持する薬物を服用したり、美容整形によって形状・印象をかえてしまうとかは、「目的」のための「装置」としての人体に「改善」をはかることを意味します。大脳を移植するかたちで、それ以外を「総交換」することはできない(大脳が「抗原」=異物として攻撃をうけてしまう)ので、身体各部や動力源を交換する。指令系統を改善する……といったことになるわけです。

脳死移植をはじめとした移植手術は総じて「装置」の部分交換といえそうです。メカニズムの一部を交換することにともなう物理的・化学的リスクという意味でも、移植手術は美容整形や薬物利用と同質の気がします。「改善」するつもりが、たまたま「故障」してしまうといった感じです。しかし、移植手術は、実は美容整形などと量的な差ではない、質的にちがった「改造」です。

　美容整形やシリコン注入、薬物利用は、物理的・化学的改造なのですが、移植手術は生体間で臓器がおきかえられるか、追加されます。みのがせないのは、臓器提供者（ドナー）の身体がかならずきずつけられ、しかも「けずりとられる」という過程がともなう点です。内臓であれ、皮膚や骨格、骨髄など、臓器提供者の身体の一部が「うばわれる」過程がさけられないし、輸血した血液のように復旧（自然再生）することはない点が決定的です。美容整形やシリコン注入、薬物利用など物理的・化学的改造は、基本的には複製技術の産物であって、ヒトや動物など生物をきずつけず、なにかをうばう必要がないし、輸血等も授乳・搾乳のように再生可能ですから。

　脳死移植手術に反対する論者たちがそろって依拠する、死亡判定のフライング問題（不可避な生命停止過程という判断による、はやめの死亡認定）も軽視できません。レシピエント（臓器受給者）本位の脳死判定は、できるかぎりはやい死亡認定を要求する宿命をおっています。「もう絶対にいきかえらないはず」という判断は、臨死状態にある本人はもちろん、その家族の心理を無視しているともいえる、「あたまごし」の作業です。死がせまっており、はげしい苦痛ゆえに、「はやくラクになりたい」「ラクになってほしい」というケースならともかく、脳死判定のおおくのばあい、死亡認定をできるだけはやくしたいという家族は少数派とおもわれます。元気な時点で、「はやめに判断をくだしてほしい。その方が自分の臓器の有効利用として、

うれしい」という意思を明示していたのならともかく、「はやく死んでほしい」とねがっていると、うけとられてもしかたがないレシピエントと家族の心理は、「いきのこりたいのは、人情として当然」と正当化できるか微妙でしょう。すでにのべたように、「ヘルシズム＝健康ファシズム」が広義の優生思想だとすると、レシピエント（臓器受給者）本位の風潮は当然視できなくなるはずです。障害者や難病患者などの「尊厳死」を当然視するような風潮とならんで。

それはともかく、臓器移植は、臓器が「部品」として位置づけられていることは明白です。『人体部品ビジネス「臓器」商品化時代の現実』（粟屋剛［1999］）という書名の本は、東南アジアや南アジアで定着している「臓器市場」「臓器ビジネス」の現実を端的にしめしています。かりに、脳死移植周辺で、完全な善意にもとづく臓器提供と手術がくりかえされているにせよ、「商品化」されている「臓器」が流通し、そこに、あきらかな経済格差がみてとれることは、現実です。「人体部品」の購入者は、「かわせていただく」がわではなく、経済的優位をもとに生存権を主張するがわです。臓器売買での提供者は基本的に経済弱者であり、購入者は経済的強者なのです（それは売買春市場と通底する現実）。（多額の資金を投資家からひきだせる大組織の民間企業などはともかく）弱者→強者という方向性での商品移動こそ、売買の基本構造だからです。

技術革新により身体の一部が「部品」化すれば、当然「商品」化します。むしろ経済格差があるところで、売買が発生しない方が不自然です[68]。ある意味、生物工学のヒトへの応用としての移植手術

---

68 「部品」という身体の一部のきりうりでなければいいのかといえば、当然そうではありません。たとえば「赤ちゃん」。不妊治療や代理出産、ヒトクローン、養子などさまざまな次元で「商品化」しています。そこには当

や生殖医療（人工授精・体外受精・代理出産など不妊対策など）は近代以前の奴隷制とは異質な「売買」を発生させてしまったのであり、大衆がそれぞれ「人権」「幸福追求権」「個性」を主張する時代であるがゆえに、欲望追求を抑制できなくなる構造を加速化しているようにみえます。現代人は真理追究・幸福追求といった美名のもと「パンドラのはこ」をあけてしまったのかもしれません。

ペットロス

　一方、ヒトがモノのようにあつかわれる時代に、およそ逆方向の心理も定着しています。たとえば、「コンパニオンアニマル」ともよばれるペットや盲導犬のような存在です。愛着をつよく感じる当事者にとっては、ルームメイトや下僕（ゲボク）や執事（シツジ）、あるいは家族の一員として意識されています。法律上、所有権がヒトにだけみとめられ、動物のがわには拒否する権利などがない以上、一方的な身分関係ではありますが、あきらかに人間関係の延長線上に、かれらは位置づけられています。旅行に同行したり、傷病によって動物病院につれていくなど治療費を負担することは当然だし、食事のみならず看病し、死去の際に、ゴミのように廃棄することはありえません（法律上も禁止されていますが）。家族の延長線上でケアし最期をみとり、葬儀などもおこなうのです（「ペット供養」）。墓地にあたるものを用意するかいぬしもいれば、伴侶の喪失同様に精神的衝撃をうけることが

然、経済格差や歴史的経緯にもとづく政治経済学的な力学や優越感・劣等感などがからまってきます。江原由美子編［1999］、デボラ・L・スパー［2006］、高倉正樹［2006］など参照。売買春も当事者間には経済的格差があります。江原由美子編［1995］参照。売買せずに身体の一部を贈与することが可能だと信じる哲学者たちの議論については、加藤尚武［1999］参照。

すくなくなく、「ペットロス症候群」が、心療内科や精神科の課題となっているほどです。

　ブリーディングや売買がからむとはいえ、一度、準家族化したコンパニオンアニマルたちは、「部品」「道具」どころか、伴侶や「分身」となります。人体の部位が「部品」として売買されるのに対して、コンパニオンアニマルたちは、人生の「伴奏者」「伴走者」として、かけがえのない存在となります。ある意味、家畜やペットが固有名詞をえた時点で、育児行為とにた心理だったわけですが、コドモを自分自身に準じて唯一無二の存在として位置づける風潮（「キラキラ・ネーム」など）は、ペットなどコンパニオンアニマルにもあてはまるといえるでしょう。自動車や自家用飛行機、オーディオ製品やコンピューターなどを「愛機」としていとおしむ心理とも通底しているかもしれませんが、存在を、自分にとっての「手段」とはみなさず、「目的」として位置づける姿勢は、そこに「人格」ににた「尊厳」をみてとっているのです。喪失は愛惜になり、まさに自分自身の一部の喪失を意味するわけです（ペット飼育にもたらされた現代的感覚誕生の背景については、山内昶［2005］、ましこ［2013］など）。

　一方、携帯電話は、疑似「人格」ではなく、まさにメカですが、かなり多数のひとびとにとって、第二の身体になっているようです。「モビルスーツ」のように戦闘用の装置ではなく、あくまで視聴覚器官の延長物でしょうが、特にわかもの世代にとっては、身体能力の一部なのでしょう。強度近視者にとってのメガネ・コンタクトレンズ以上の身体的存在＝位置づけかもしれません。たとえば、つぎのような指摘は、携帯電話という通信・記録装置の「携帯」が普及したことによって、自己と他者の心身の関係性が変質しつつある現代社会をするどくえぐっているとおもわれます。

ケータイを自宅に忘れてしまったり、電波が届かない場所に行くと「不安」になるという人に対して、「携帯依存」と揶揄めいた言葉が浴びせられる場面は多いが、いまやケータイに付加された機能の喪失は、単にネットワークから断絶されたことによる「寂しさ」の問題ではなく、拡張された様々な身体機能が、短時間であれ「制限」されることに対する「痛み」とも表現できる。
　……インターネットが「すべてを繋げるメディア」であるならば、ケータイがその入り口をあらゆる場所に遍在させることによってはじめて、その「思想」は貫徹される。上司や友人がケータイに出なかったりメールに返事を返さないとき、「ダメだ、さっきから鈴木が繋がらない」と表現するように、私たちは自分にだけではなく、他人の身体に対しても、手軽に接続可能であることを望んでいる。
（荻上チキ［2009］pp. 62-3）

　ケータイ電話は、移植手術が不要なのはもちろん、気がるに身体化できるものでしょう。しかも、スケジュール情報や知人のアドレス情報、利用サイト情報などを大量に集積した装置は、第二の大脳ともいうべきものです。その喪失はペットロスと同質の挫折かもしれません。情報集積についやした過去であるとともに、現在はもちろん未来にも「繋げるメディア」をうしなったという意味で。

　記憶が単に大脳に蓄積された過去情報ではなく、つねに現時点での状況にてらして再構成される自己という「物語」の素材（アイデンティティの不可欠の要素）である点などの社会学的意義については、前掲、片桐雅隆［2003］『過去と記憶の社会学』がのべています。「おおきな物語」が崩壊したポストモダンのなか、ケータイはアイデ

ンティティの中核としての、外部化された大脳かもしれません。

異様なやさしさ

　もうひとつ、心身関連で無視できないのは、社会の「心理主義」化現象です。「心理主義」とは、なんでも個人心理（よくても集団心理）へと社会現象を還元してしまおうという風潮のことです。科学哲学者ポパーの「心理学主義」、あるいは、社会学業界で話題となる「心理（学的）還元主義」と、その大衆版としての「ポップ心理学」などを、ひとくくりにかたるために、社会学者が考案したものです（森真一［2000］、広田照幸・伊藤茂樹［2010］、日本社会学会［2011］『社会学評論』224）。社会学者の森真一さんは、「心理主義」の流行を「社会のマクドナルド化」にもとめており、人間関係のなめらかさを至上命題として、ともかく個々の人格を「神」のごとく「尊重」＝演出する、異様な"やさしさ"があふれるようになったとします。「感情」をマクドナルド化された商品のようにローコストで管理しきろうという、過度の合理化が進行中と。「人格崇拝」がすすむ一方で、流動化する雇用に対応できるフレキシブルな個人で構成される超合理化が社会をおおいつつあるというわけです。

　情報関連技術の驚異的な進歩は、以前なら「魔法」ともいうべき能力をわれわれにあたえてくれました。実際、情報発信や収集・処理能力は、前代未聞の水準に到達したとおもいます。「インターネット（検索エンジン）がなかった時代はどうしていたんでしょうね？」といった、わらいばなしがあるように。しかし、森健［2005］『インターネットは「僕ら」を幸せにしたか？』を紹介したとおり、あるいは、ロバート・オハロー［2005］『プロファイリング・ビジネ

ス』などの議論をふりかえっても[69]、心身を「拡張」してくれる技術が、われわれに「幸福」をもたらしたのかどうかは、いまだにはっきりしないのではないでしょうか？

回路番外編　ジダンの頭突き問題

　さて、最後に、2006 FIFA ワールドカップの決勝戦（イタリア対フランス）で、ジネディーヌ・ジダン（フランス代表：当時）がマルコ・マテラッツィ（イタリア代表：当時）への頭突きにより退場になった事件をとりあげたいとおもいます。

　この事件は、もともとキレやすかったジダン選手が、挑発合戦にやぶれて、暴力行為におよんだとのみかたが支配的です。ウィキペディアでは、日本語版のほかには、フランス語版とオランダ語版しかないらしく、英語圏というウィキペディア最大の筆者・読者共同体では、関心がよせられていないこと、英語圏以外でもイタリア語版などが存在しないなど、ヨーロッパ大陸でも、すでに風化した話題にすぎないのかもしれません[70]。

　しかし、①マテラッツィがジダンのユニフォームをしつこくつかんだ。②ジダンが「ユニフォームが欲しいのなら、あとでくれてや

69　すでにのべたとおり、疑心暗鬼におちいり、「社会の敵」発見のために、自分たちの個人情報をあずけてしまうようになった市民は、「隠れる場所はどこにもない」状況をまねきいれました。新技術の可能性＝超合理性が得体の知れない危険性がしのびよってきていると。

70　フランス語版 "Coup de tete de Zidane" は、かなりの質／量がうかがえますが、オランダ語版 "Zidane-kopstoot" は、みるからに貧弱な記述にとどまっています（2019/02/10 段階）。

るよ」などと応酬。③ "Preferisco la puttana di tua sorella."（それより、おまえの売春婦のねえさんの方がいいな）とマテラッツィが侮辱。④ジダンが頭突きで応酬。⑤FIFAによる事情聴取の結果、両者に出場停止と罰金処分。⑥ことばによる挑発が日常化していたため、マテラッツィにまで処分をくだしたFIFAの裁定が議論をよぶ……という展開は、単なるスポーツにおける偶発的なスキャンダルにすぎないのでしょうか。

　まず、当初、アルジェリア移民2世であるジダンに対する人種差別がうたがわれ、テロリストよばわりなどもうたがわれる（宗教差別）うち、具体的にどう挑発されたかをジダンは沈黙に終始、翌年マテラッツィが雑誌インタビューで告白するまで、なにが原因だったのか不明なままだった……という一連の経緯全体が異様です。

> ①そもそも、キレやすかったジダン選手という風評自体が、恒常的な民族差別・宗教差別の産物では？　粗暴なイメージとは、差別者が罪悪感から逃避するための責任転嫁では？
> ②ムスリム（イスラーム教徒）の妻や母親を侮辱するのは、生命にかかわる報復を覚悟しなければならないハイリスク行為であり、姉妹への侮辱もそれに準ずる。性的嘲笑・侮辱が日常茶飯事のヨーロッパ社会の非ムスリムにとっては、ムスリムが家族への侮辱に激昂して物理的報復にでることが、過剰反応（暴力）にしかみえないが、ムスリムには通用しないと、地理学者らが指摘していた（内藤正典［2009］序章）。

　しかし、「社会学のまなざし」は、いま一歩ふみこんだ疑念・仮説

へとすすむことになります。

①そもそもセクハラ的で暴力的な言動を黙認するような差別文化とは、ヨーロッパ全体の非ムスリムに共通するものではなく、男性労働者文化なのではないか？　女性や中産階級男性ならば、(たとえばクリケット選手なら) わざわざとろうとしない挑発行為ではないのか？

②マテラッツィが「あんなことぐらいで……」[71]と鈍感さ・卑劣さを露呈した"puttana"という名詞が挑発としての意味をもてたのは、それを女性への性的侮辱であるとみなす文化をジダン自身も共有化しているからではないか？

③女性をセックスワーカーになぞらえる慣用表現が女性の人格を矮小化した侮辱となる構造とは、第一にセックスワーカー全体をけがれた存在とする前提、第二に女性が性的対象とみなされたときセックスワーカー＝被差別者との連続性がつねに意識されるという前提、つまり職業差別文化と性差別文化の融合物ではないか？

④女性が性的対象として矮小化されるというセクハラに反発するのは当然として、直接の被差別対象ではない一族の男性が一様に激昂(ゲキコー(ゲッコー))する動機とは、結局「女性の性的尊厳を保護すべき一族男性の名誉をきずつけられた」といういか

---

[71] もっとも、ジダンらのかたをもつようにみえる内藤さんも、家族の名誉と性規範が男性中心の論理である点や、スカーフが第一にムスリム女性の羞恥心の問題であるものの男性にはイスラーム由来の服装規定がない点を、不平等だと指摘しています。ただし、これらを「後進性」として非難してきた西欧社会の矛盾もあわせて批判します (内藤正典 [2009] p.133, pp.137-44)。

りではないか?

⑤これらはすべて、結局「ミソジニー」(Misogyny)の産物であり、ヘテロセクシャルであることを自明視する男性たちが、「性的資源」としての一族女性という所有意識を共有し(性的存在への還元・矮小化)、「セックスワーカーなどいやしむべき存在は一族にはいない」という差別意識を再確認しようとするホモソーシャルな求心力なのではないか?

⑥ジダン自身が純粋に姉自身の尊厳のため、家族愛のため激怒したのか微妙であり、ムスリムとして当然の選択をしたほこりたかい男性……といった肯定的評価をくだす論調は、性差別文化(現状のキリスト教圏よりはひょっとして上質だとしても)をみのがすことにならないか?

⑦たとえば女性のスカーフ着用文化のように、男性のセクハラ傾向を未然に封殺したとされるコーラン(クルアーン)の論調もふくめて、女性を尊重し保護しているかのように一部でかたられてきたムスリム文化は、女性を弱者として「本質主義」化することで劣位を固定化する価値観の一種ではないか?

⑧おなじことは、選手同士の侮辱合戦やユニフォームをひっぱるといった不正行為が事実上困難な野球とか、もともと選手同士が非接触のバレーボール等ではおきえないのでは?

⑨イタリア語による挑発が即座に理解できたのとおなじように、日韓戦でも同様の構図が発生しても不思議ではない(日本語/コリア語のバイリンガルはマレではないし、日韓のサッカー選手も、ホモソーシャルでセックスワーカーを差別しそうな男性たちだと推定できるので)が、実際には、そうし

た挑発文化にそった暴力事件は男性間でもおきないのでは？

　ある時空・属性・文脈におけるモラルハラスメントは、当事者はもちろんのこと、現象を論評しようとする第三者の男女の社会学的存在をうきぼりにしてくれます。自明視している「常識」とそれをささえている価値観・文化（地域／属性など）が誘発し合理化する暴力性は、部外者にはよくみえるのです。

4. 社会学という「知の回路」のための 10 冊

　ブックガイドとして紹介する 10 冊の著者に、あまり社会学者がいませんが、社会学的問題意識への逆説的「ちかみち」としてどうぞ。

野村一夫『ソキウス Version 12.0 再構築版』
(http://www.socius.jp/index.html)
　以前『社会学感覚』として発表された概説書のウェブ版。自我・アイデンティティ・役割現象・コミュニケーション・メディア・ジャーナリズム・うわさ・組織・家族・消費社会・宗教文化・音楽文化・自発的服従・スティグマ・暴力・薬害・医療・ジェンダー論・環境問題・教育問題・国際社会……など広範なテーマをとりあげ、充実した文献目録も魅力的。紙媒体でよみたいひとは、**野村一夫『社会学感覚【増補版】』**（文化書房博文社）で。よみやすいムック版としては、『**子犬に語る社会学・入門**』。

森下伸也＋君塚大学＋宮元孝二『[パワーアップ版] パラドックスの社会学』
　平安をもとめる組織が暴力をよび、教育がひとを無能化し、医療・薬品・運動が健康をそこねる……。個々人には合理的な行動も、その集積が意図しない結果をもたらす。社会現象の背後にひそむ皮肉なメカニズムを逆説（パラドックス）としてとりあげ、社会学の特徴

的な思考論理として提示した入門書。森下伸也さんによる単著『**逆説思考——自分の「頭」をどう疑うか**』を、つぎによむとよさそう。

ミシェル・オンフレ『〈反〉哲学教科書——君はどこまでサルか？』

副題自体が充分挑発的（差別的）であるなど、おおくの読者にとってはかなり刺激的でしょう（社会学者の大半はおどろきませんが）。フランスのリセ（日本でいう高等学校）で実際につかわれている哲学テキストとは、両国の知的自由度の格差を痛感させられる作品。覆面社会学者パオロ・マッツァリーノ氏によるパロディ本『**反社会学講座**』同様、全然〈反〉ではないのですが、読者の大半が自明視してきた「常識」には、充分〈反〉することでしょう。

スティーヴン・D・レヴィットほか『ヤバい経済学——悪ガキ教授が世の裏側を探検する』

〈まなざし④「常識」をうたがう〉……などで何度か紹介したとおり、社会学者たちには「ヤバい」ものではないものの、大相撲の千秋楽での7勝7敗の力士の不自然な勝率など、一般読者にとっては充分毒性がたかいものかも。紹介ずみの『〈反〉哲学教科書』、『反社会学講座』同様、あたりまえとおもわれるイメージをうたがうための知的柔軟性をやしなうために便利な本です。人間行動を「インセンティブ（誘因）」にほぼ還元してしまう点など、社会観がせまい点をわりびけば、本書をよんだあと『パラドックスの社会学』で整理するのは、よさそうです。

ジョージ・リッツア『マクドナルド化する社会』

本文中でも参照した古典的名著。現代社会をおおうグローバル化をおおづかみにするために、サービス産業・市場で急速に進展した

合理化圧力は、不可欠の論点。出産現場や大学教育にまでおよぶような、さけがたいうねり＝力学は、おおくの読者の日常にとって「対岸の火事」ではないはず。**島村菜津『バール、コーヒー、イタリア人——グローバル化もなんのその』、マーク・ボイル『ぼくはお金を使わずに生きることにした』**と併読がおすすめ。

森真一『自己コントロールの檻——感情マネジメント社会の現実』

本文中でも紹介した問題作。「人格崇拝」の横行と、それを軸にした「マクドナルド化」の進行という現代社会の動向の深部をえぐる作品として、**森健『ビッグデータ社会の希望と憂鬱』**などとともに、『マクドナルド化する社会』などをよみおえたあとにどうぞ。

近藤克則『健康格差社会』

社会疫学という、社会学と公衆衛生学の交差する領域の入門書。広範なめくばりから、健康状態の格差が偶然や個人の性格の問題に還元できない社会現象であることが、よくわかる良書。**イチロー・カワチほか『不平等が健康を損なう』**や川上憲人ほか**『社会格差と健康——社会疫学からのアプローチ』、津田敏秀『市民のための疫学入門——医学ニュースから環境裁判まで』**などの関連書にすすむとよいでしょう。医療・福祉関係者はもとより、公務員・ボランティア志望者にとっても必読書。

かどやひでのり／あべやすし編『識字の社会言語学』

社会言語学・社会学・教育史・障害学などの研究者らによる、情報弱者をめぐる諸問題についての論集。かくという行為、モジの自明性が破壊されること確実。**ましこ編『ことば／権力／差別』**と併読すると学校国語ではおそわらない、〈反〉常識的な文化観がえられ

4. 知の回路のための *10* 冊

るはず。次項参照。

安田敏朗『近代日本言語史再考Ⅴ——ことばのとらえ方をめぐって』

　年間1冊以上の単著というハイペースで問題作を量産しつづける著者の著作群のうち、「近代日本言語史再考」と題されたシリーズの第五作。「国語」イメージを一変させる意味で、類書のなかで古典というべき、**田中克彦『ことばと国家』**などとあわせてよんだうえで、これまた古典化した**ベネディクト・アンダーソン『想像の共同体——ナショナリズムの起源と流行』**に挑戦したい。関連書として、**ましこ『ことばの政治社会学』**。

岸田秀『ものぐさ精神分析』

　最後の1冊も、非社会学者の作品。民族や国家から個人心理までが集団心理として一元的に把握可能な「共同幻想」の産物であるとする史的唯幻論や、性別意識や性的指向なども生得的ではなく共同幻想の産物なのだとする性的唯幻論など、のちの岸田唯幻論の原点となった論集。社会構築主義の科学たろうとする厳密を期した議論が、しばしば読者を混迷にさそいこんでしまうものなのに対して、「共同幻想」論は、常識破壊の衝撃と、濃霧を一掃してくれるような清涼感が。

参考文献（＊一部紹介文あり）

ジョン・アーリ＝吉原直樹監訳、2006『社会を越える社会学——移動・環境・シチズンシップ』法政大学出版会

赤川　学、1996『性への自由／性からの自由』青弓社

赤川　学、2004『子どもが減って何が悪いか！』筑摩書房

赤川　学、2006『構築主義を再構築する』勁草書房

赤坂憲雄、1990『象徴天皇という物語』筑摩書房

赤坂真理、2007『モテたい理由』講談社

浅野智彦、2001『自己への物語論的接近——家族療法から社会学へ』勁草書房

阿部謹也、1999『「世間」論序説——西洋中世の愛と人格』朝日新聞社

阿部謹也編著、2002『世間学への招待』青弓社

粟屋　剛、1999『人体部品ビジネス「臓器」商品化時代の現実』講談社

デニス・アルトマン＝河口和也・風間孝・岡島克樹訳、2005『グローバル・セックス』岩波書店

ベネディクト・アンダーソン＝白石隆／白石さや訳、2007『定本想像の共同体——ナショナリズムの起源と流行』書籍工房早山

飯島裕一、2001『健康ブームを問う』岩波書店

飯島裕一、2009『健康不安社会を生きる』岩波書店

生井英考、2006『空の帝国——アメリカの20世紀』講談社

池内　了、2008『疑似科学入門』岩波書店

石井政之、2003『肉体不平等——ひとはなぜ美しくなりたいのか？』平凡社

磯部卓三／片桐雅隆編著、1996『フィクションとしての社会』世界思想社

市野川容孝＋松原洋子、2000「病と健康のテクノロジー」『現代思想』vol.28-10、青土社

稲葉振一郎、2009『社会学入門——〈多元化する時代〉をどう捉えるか』日本放送出版協会（社会学が巨視的な社会変動をどう定式化しようとしてきたかについての、経済学者による整理）

井上　俊・伊藤公雄編著、2011『社会学的思考』社会思想社

井上　俊・船津　衛編著、2005『自己と他者の社会学』有斐閣

井上忠司、1982『まなざしの人間関係』講談社

今津孝次郎、2008『人生時間割の社会学』世界思想社

岩田陽子、2011「我が国の難民認定制度の現状と論点」国立国会図書館『調査と情報』第 710 号

キース・ヴィンセント／風間孝／河口和也、1997『ゲイ・スタディーズ』青土社

マックス・ウェーバー＝世良晃志郎訳、1960『支配の社会学 (I)』創文社

上杉正幸、2002『健康病——健康社会はわれわれを不幸にする』洋泉社

上杉正幸、2008『健康不安の社会学——健康社会のパラドックス [改訂版]』世界思想社

植田晃次＋山下仁編著、2011『[新装版]「共生」の内実——批判的社会言語学からの問いかけ』三元社

上野千鶴子、2007『おひとりさまの老後』法研

上野千鶴子、2009『男おひとりさま道』法研

氏家幹人、2007『サムライとヤクザ——「男」の来た道』筑摩書房

江原由美子編著、1995『性の商品化』勁草書房

江原由美子編著、1999『生殖技術とジェンダー』勁草書房

F. エンゲルス＝浜林正夫訳、2000『イギリスにおける労働者階級の状態』（上・下）新日本出版社

G・オーウェル＝高橋和久訳、2009『一九八四年』早川書房

荻上チキ、2009『社会的な身体 (からだ)——振る舞い・運動・お笑い・ゲーム』講談社

小熊英二、2018『決定版　日本という国』新評論

越智道雄、1998『ワスプ (WASP)——アメリカン・エリートはどうつくら

れるか』中央公論社

ロバート・オハロー＝中谷和男訳、2005『プロファイリング・ビジネス──米国「諜報産業」の最強戦略』日経BP社

ミシェル・オンフレ＝嶋崎正樹訳、2004『〈反〉哲学教科書』NTT出版

改造人間プロジェクト、1997『図解 人体改造マニュアル──タトゥー、ボディピアスから整形、性転換手術まで』同文書院

風間 孝・河口和也、2010『同性愛と異性愛』岩波書店（差別があたかも生物学的必然であるかのように合理化されてきた同性愛現象に対する社会学的解説本）

片桐雅隆、2003『過去と記憶の社会学　自己論からの展開』世界思想社

桂木隆夫編著、2003『ことばと共生』三元社

加藤秀一、1998『性現象論』勁草書房

加藤秀一、2004『〈恋愛結婚〉は何をもたらしたか』筑摩書房

加藤雅之、2007『イタリアは素晴らしい、ただし仕事さえしなければ』平凡社

加藤尚武、1999『脳死・クローン・遺伝子治療』PHP研究所

門倉貴史、2005『日本「地下経済」白書──闇に蠢く23兆円の実態』祥伝社

かどや ひでのり／あべ やすし編著、2010『識字の社会言語学』生活書院

金子勇・長谷川公一編著、2008『講座・社会変動1　社会変動と社会学』ミネルヴァ書房（社会学主流派の「社会変動」論）

狩谷あゆみ編著、2006『不埒な希望──ホームレス／寄せ場をめぐる社会学』松籟社

河合幹雄『「安全神話崩壊のパラドックス──治安の法社会学』（岩波書店2004)

川上憲人ほか編著、2006『社会格差と健康──社会疫学からのアプローチ』東京大学出版会

イチロー・カワチほか、2004『不平等が健康を損なう』日本評論社

管賀江留郎、2007『戦前の少年犯罪』築地書館

岸田　秀、1978『ものぐさ精神分析』青土社（中央公論社、1996年）
岸田　秀、1998『母親幻想』(改訂版) 新書館
吉川　徹、2009『学歴分断社会』筑摩書房
アレン・グートマン＝清水哲男訳、1981『スポーツと現代アメリカ』TBS ブリタニカ
久保　大、2006『治安はほんとうに悪化しているのか』公人社
倉本智明、2012『だれか、ふつうを教えてくれ！』イースト・プレス
倉本智明編著、2010『手招くフリーク——文化と表現の障害学』生活書院
黒井千次、2006『老いるということ』講談社
黒木登志夫、2007『健康・老化・寿命』中央公論新社
アルフレッド・W・クロスビー＝小沢千重子訳、2003『数量化革命——ヨーロッパ覇権をもたらした世界観の誕生』紀伊国屋書店
アルノルト・ゲーレン＝亀井 裕訳、1970『人間学の探求』紀伊国屋書店
河野稠果、2007『人口学への招待——少子・高齢化はどこまで解明されたか』中央公論新社
小坂井敏晶、2002『民族という虚構』東京大学出版会
後藤和智、2008『「若者論」を疑え！』宝島社
後藤吉彦、2010「ラッパーたちのフリーク・ショー」、倉本智明編著『手招くフリーク——文化と表現の障害学』生活書院
小林雅之、2008『進学格差——深刻化する教育費負担』筑摩書房
駒井　洋、2006『グローバル化時代の日本型多文化共生社会』明石書店
ランドル・コリンズ＝井上俊・磯部卓三訳、1992『脱常識の社会学——社会の読み方入門』岩波書店
アラン・コルバン＝福井和美訳、1992『浜辺の誕生——海と人間の系譜学』藤原書店
アラン・コルバンほか＝渡辺響子訳、2000『レジャーの誕生』藤原書店
近藤克則、2005『健康格差社会』医学書院
近藤克則、2010『「健康格差社会」を生き抜く』朝日新聞出版
斎藤　環、2008『母は娘の人生を支配する』日本放送出版協会

酒井順子、2006『負け犬の遠吠え』講談社（女性の晩婚化傾向を自省的・自虐的にかいたエッセイ）

阪本俊生、2009『ポスト・プライバシー』青弓社

作田啓一、1981『個人主義の運命——近代小説と社会学』岩波書店（周囲の魅力的な人物への無自覚な嫉妬心など、自由主義空間でのコピー心理もふくめた、近代人の動機の解明をめざす文学社会学）

佐藤彰男、2008『テレワーク「未来型労働」の現実』岩波書店

佐藤郁哉、1984『暴走族のエスノグラフィー——モードの叛乱と文化の呪縛』新曜社

佐藤直樹、2001『「世間」の現象学』青弓社

真田信治／庄司博史編、2005『事典　日本の多言語社会』岩波書店

ジャン＝ポール・サルトル＝伊吹武彦他訳、1957『サルトル全集〈第8巻〉恭々しき娼婦』人文書院

ジャン＝ポール・サルトル＝松浪信三郎訳、2007『存在と無——現象学的存在論の試み〈2〉』筑摩書房

塩川伸明、2008『民族とネイション』岩波書店

塩見鮮一郎、1982『言語と差別』せきた書房

島村菜津、2007『バール、コーヒー、イタリア人——グローバル化もなんのその』光文社

エリック・シュローサー＝楡井浩一訳、2001『ファストフードが世界を食いつくす』草思社（マクドナルド社にかぎらず、ファストフード・チェーンをささえている労働現場——食材調達・調理・接客——の実態、労働条件や衛生状態など、さまざまな暗部）

チャルマーズ・ジョンソン＝鈴木主税訳、2000『アメリカ帝国への報復』集英社

進藤雄三『医療社会学を学ぶ人のために』世界思想社

杉田　敦、2005『境界線の政治学』岩波書店

鈴木由加里、2006『女は見た目が10割——誰のために化粧をするのか』平凡社

スチュアート・ヘンリ、2002『民族幻想論——あいまいな民族・つくられた人種』解放出版社

数土直紀、2005『自由という服従』光文社

数土直紀・今田高俊編、2005『数理社会学会入門』勁草書房

須長史生、1999『ハゲを生きる——外見と男らしさの社会学』勁草書房

デボラ・L・スパー＝椎野 淳 訳、2006『ベビー・ビジネス』ランダムハウス講談社

ジャレド・ダイアモンド＝倉骨 彰訳、2000『銃・病原菌・鉄　上巻』草思社

高倉正樹、2006『赤ちゃんの値段』講談社

高田明典、2006『世界をよくする現代思想入門』ちくま書房

高橋哲雄, 1989『ミステリーの社会学——近代的「気晴らし」の条件』中央公論社

高原基彰、2006『不安型ナショナリズムの時代』洋泉社

多木浩二、1995『スポーツを考える——身体・資本・ナショナリズム』筑摩書房

竹内　啓、1984,『無邪気で危険なエリートたち——技術合理性と国家』岩波書店

竹沢尚一郎、2010『社会とは何か——システムからプロセスへ』中央公論新社

竹中正治、2008『ラーメン屋 vs. マクドナルド——エコノミストが読み解く日米の深層』新潮社（グローバル化のなかでの食文化・アニメーション・教育文化など、興味ぶかい論点満載の日米比較論）

田中克彦、1981『ことばと国家』岩波書店

ノーマン・ダニエルズほか＝児玉 聡訳、2008『健康格差と正義——公衆衛生に挑むロールズ哲学』勁草書房

谷口輝世子、2004『帝国化するメジャーリーグ——増加する外国人選手と MLB の市場拡大戦略』明石書店

千葉保監修、コンビニ弁当探偵団、2005『コンビニ弁当 16 万キロの旅——

食べもの物が世界を変えている』太郎次郎社エディタス
津田敏秀、2003、『市民のための疫学入門——医学ニュースから環境裁判まで』緑風出版
津田敏秀、2004、『医学者は公害事件で何をしてきたのか』岩波書店
鶴見 済、1996『人格改造マニュアル』太田出版
ルネ・デュボス、1977『健康という幻想』紀伊國屋書店
デュルケーム＝宮島 喬訳、1985『自殺論』中央公論社
天童睦子編、2004『育児戦略の社会学』世界思想社
ジョン・トムリンソン＝片岡信訳、1997『文化帝国主義』青土社
ジョン・トムリンソン＝片岡信訳、2000『グローバリゼーション——文化帝国主義を超えて』青土社
内藤朝雄、2001『いじめの社会理論——その生態学手秩序の生成と解体』、柏書房
内藤正典、2009『イスラムの怒り』集英社
西江雅之、2003『「ことば」の課外授業——"ハダシの学者"の言語学1週間』洋泉社
西江雅之、2005『「食」の課外授業』平凡社
中岡哲郎、1970『人間と労働の未来——技術進歩は何をもたらすか』中央公論社
中島隆信、2006『これも経済学だ！』筑摩書房
中根成寿、2010「「改造人間」、その変容とその「幸福」について」、倉本智明編著、2010『手招くフリーク——文化と表現の障害学』生活書院
西原和久・油井清光編、2010『現代人の社会学・入門　グローバル化時代の生活世界』有斐閣
新田一郎、1994『相撲の歴史』山川出版社
日本社会学会、2011『社会学評論』224（Vol.61,No.4）
日本数理社会学会監修、土場学ほか編、2004『社会を〈モデル〉でみる』勁草書房
日本数理社会学会監修、与謝野有紀ほか編、2006『社会の見方、測り方——

計量社会学への招待』勁草書房

日本弁護士連合会人権擁護委員会編、2006『難民認定実務マニュアル』現代人文社

マリオン・ネスル=三宅真季子／鈴木眞理子、2005『フード・ポリティクス──肥満社会と食品産業』新曜社

野村一夫、1998『社会学感覚【増補版】』文化書房博文社

野村一夫、2011『ソキウス Version12.0 再構築版』(http://www.socius.jp/index.html)

野村一夫ほか、2003a『子犬に語る社会学・入門』洋泉社

野村一夫ほか、2003b『健康ブームを読み解く』青弓社

野呂香代子+山下仁編著、2009『［新装版］「正しさ」への問い──批判的社会言語学の試み』三元社

P.L. バーガー=水野節夫・村山研一訳、1995『社会学への招待』新思索社

萩尾望都、2000『イグアナの娘』小学館

橋本毅彦、2002『〈標準〉の哲学──スタンダード・テクノロジーの三〇〇年』講談社

橋本秀雄ほか編、2003『性を再考する』青弓社

長谷川寿一・長谷川眞理子、2000「戦後日本の殺人の動向」、『科学』2000年7月号

浜井浩一、2006『犯罪統計入門──犯罪を科学する方法』日本評論社

浜井浩一・芹沢一也、2006『犯罪不安社会──誰もが「不審者」?』光文社

浜田寿美男、1999『「私」とは何か』講談社

林　博史、2003「資料紹介記録された最も早い生物戦」『季刊戦争責任研究』第42号

ダナ・ハラウェイ=高橋さきの訳、2000『猿と女とサイボーグ』

広田照幸・伊藤茂樹、2010『教育問題はなぜまちがって語られるのか？──「わかったつもり」からの脱却』日本図書センター

R. ブードン=杉本ほか訳、1983『機会の不平等──産業社会における教育と社会移動』新曜社

藤原和博・宮台真司ほか、2005『人生の教科書［よのなかのルール］』筑摩書房
マイク・フェザーストンほか＝近森高明訳、2010『自動車と移動の社会学 オートモビリティーズ』法政大学出版局
ジョエル・ベイカン＝酒井泰介訳、2004『ザ・コーポレーション』早川書房
ウルリッヒ・ベック＝東廉ほか訳、1998『危険社会』法政大学出版局
E・ベック＝ゲルンスハイム＝香川檀訳、1992『出生率はなぜ下がったか──ドイツの場合』勁草書房
マーク・ペンダグラスト、1993『コカ・コーラ帝国の興亡──100年の商魂と生き残り戦略』徳間書店
スーエレン・ホイ＝椎名美智／富山太佳夫 訳, 1999『清潔文化の誕生』紀伊國屋書店
マーク・ボイル＝吉田奈緒子訳、2011『ぼくはお金を使わずに生きることにした』紀伊國屋書店
アドルフ・ポルトマン＝高木正孝訳、1961『人間はどこまで動物か』岩波書店
本田由紀・内藤朝雄・後藤和智、2006『「ニート」って言うな!』光文社
幕内秀夫、2010『ポテチを異常に食べる人たち──ソフトドラッグ化する食品の真実』WAVE出版
ましこ・ひでのり、2005『あたらしい自画像』三元社
ましこ・ひでのり、2007『増補新版　たたかいの社会学』三元社
ましこ・ひでのり、2008『幻想としての人種／民族／国民』三元社
ましこ・ひでのり、2010『知の政治経済学』三元社
ましこ・ひでのり編著、2012『新装版　ことば／権力／差別』三元社
ましこ・ひでのり、2013『愛と執着の社会学──ペット・家畜・えづけ、そして生徒・愛人・夫婦』三元社
ましこ・ひでのり、2014『ことばの政治社会学（新装版）』三元社
町山智浩、2009『USAスポーツ狂騒曲　アメリカは今日もステロイドを打つ』集英社

パオロ・マッツァリーノ、2004『反社会学講座』イースト・プレス

松永和紀、2007『メディア・バイアス――あやしい健康情報とニセ科学』光文社

松原　望、2008『ゲームとしての社会戦略［増補版］計量社会科学で何が理解できるか』丸善

松原隆一郎、2000『消費資本主義のゆくえ――コンビニから見た日本経済』筑摩書房

三浦　展、2009『貧困肥満――下流ほど太る新格差社会』扶桑社

見田宗介、2008『まなざしの地獄――尽きなく生きることの社会学』河出書房新社

宮崎　学／大谷昭宏、2004『殺人率――日本人は殺人ができない！　世界最低殺人率の謎』太田出版

宮澤康人、2011『〈教育関係〉の歴史人類学――タテ・ヨコ・ナナメの世代間文化の変容』学文社

宮台真司、1994『制服少女たちの選択』講談社

宮原浩二郎・荻野昌弘編、1997『変身の社会学』世界思想社

宮原浩二郎、1999『変身願望』筑摩書房

森　健、2012『ビッグデータ社会の希望と憂鬱』』河出書房新社

森　真一、2000『自己コントロールの檻感情マネジメント社会の現実』講談社

森下伸也ほか、1998『［パワーアップ版］パラドックスの社会学』新曜社

森下伸也、2006、『逆説思考――自分の「頭」をどう疑うか』光文社

八木晃介、2008『健康幻想（ヘルシズム）の社会学――社会の医療化と生命権』批評社

安田敏朗、2011『「多言語」社会という幻想』三元社

安田敏朗、2018『近代日本言語史再考Ⅴ――ことばのとらえ方をめぐって』三元社

安冨　歩・本條晴一郎、2007『ハラスメントは連鎖する――「しつけ」「教育」という呪縛』光文社

矢田部英正、2011a『椅子と日本人のからだ』筑摩書房
矢田部英正、2011b『日本人の坐り方』集英社（「日本人」を実体視する点で問題ですが、日本列島周辺にとどまらず、「すわる」行動文化の多様性と変動をかんがえさせられるデータ満載。「正座できなくなった日本人（≒心身の劣化）」論など幻想だと、よくわかります）
矢部　武、2003『アメリカ病』新潮社
山内　昶、2005『ヒトはなぜペットを食べないか』文藝春秋
山崎喜比古編、2001『健康と医療の社会学』東京大学出版会
山本太郎、2011『感染症と文明──共生への道』岩波書店
梁　石日、2002『闇の子供たち』解放出版社（2004年、幻冬舎）
米山公啓、2000『「健康」という病』集英社
米山公啓、2005『医学は科学ではない』筑摩書房
四方田犬彦、2006『「かわいい」論』筑摩書房
デボラ・ラプトン＝無藤 隆／佐藤 恵理子訳、1999『食べることの社会学──食・身体・自己』新曜社
C・ダグラス・ラミス、2017『〈ダグラス・ラミスの思想〉自選集──「普通」の不思議さ』萬書房
ジョージ・リッツア＝正岡寛司監訳、1999『マクドナルド化する社会』早稲田大学出版部
ジョージ・リッツア／丸山哲央編著、2003『マクドナルド化と日本』ミネルヴァ書房
ジョージ・リッツア＝正岡寛司監訳、2008『マクドナルド化した社会──果てしなき合理化のゆくえ』〔21世紀新版〕早稲田大学出版部
スティーヴン・D・レヴィット／スティーヴン・J・ダブナー＝望月衛訳、2007『ヤバい経済学［増補改訂版］──悪ガキ教授が世の裏側を探検する』東洋経済新報社
鷲巣　力、2006『宅配便130年戦争』新潮社
Peter L. Berger, 1963 "Invitation to Sociology : A Humanistic Perspective", Anchor

あとがき

　どのぐらいよまれたかわかりませんが、ご感想はいかがでしょう？　「社会学のまなざし」からみた世界に、なにか「発見」はありましたか？

　本書は、冒頭でもことわりましたが、想定読者は10代後半です。もちろん、10代前半で充分理解できる層がいるでしょうし、オトナのみなさんが娯楽としてよみとばすこともできるように、かいたつもりです。しかし、いずれにせよ、普通の意味での社会学の「入門書」ではありません。社会学を大学で専攻しようといった層をイメージしていないからです。エラそうな表現をあえてえらぶなら、「教養としての社会学」といったところか？

　ここでいう「教養」とは、「もっていて邪魔にならない基本情報」といった意味。けっして「もっていないと損な不可欠情報」ではありません。ですが、一部の読者にとっては、有無がかなりのちがいになるはずです。作家・ジャーナリストなど文章表現を生業とするひとびと。精神科医や心療内科医、臨床心理学やソーシャルワーカー、弁護士や社会保険労務士、NGO・NPOなど、社会問題の一部として苦悩する個人・小集団のサポートにまわる専門家や教職員。廃棄物をふくめた危険物質処理にかかわる関係者。……

　あるいは、ちかい将来、ごく常識的な知識の定番（コンピューター周辺の知識とは独立した）として、統計学や論理学、史料批判や地理情報の基本知識などとともに、社会学的素養がならべられるかも。

　たぶん、人類学や地理学、あるいは教育学や人口学などからも、同様の知見がえられるでしょう。でも、特定の地域や現象に関心がし

ぼられていないばあいは、社会学が「お得」かとおもいます。

　たとえ家族問題・教育問題・環境問題・民族問題など特定の問題関心があるばあいも、家族社会学・教育社会学・環境社会学等の入門書は「お買い得」かと。そこには、人類学・地理学・教育学・人口学・経済学・社会心理学など周辺科学の知見が動員されているからです。たとえば「日系ブラジル人児童の中等教育段階での諸問題について」といったテーマなら、そこにかかわる研究者が人類学者であろうが、教育学者であろうが、言語学者であろうが、具体的な問題関心と手法に大差はないのが普通なので。ジャーナリストが法学部出身であろうが、文学部出身であろうが、工学部であろうが、取材テーマがおなじばあいに手法が全然ちがったりしないのとおなじです。人類学・地理学・教育学などが、社会学周辺の知見を援用するほかないご時世。「登山ルート」に少々のちがいはあっても、「山頂」は「同一」です。

　また、大学進学や所属学部などとは無関係に本書をてにとられた読者のばあい、漠然と「社会」問題や「人生」論的な関心をおもちかもしれません。そのばあいは、さきにあげた「もっていて邪魔にならない基本情報」という側面以外に、積極的なものはないか？ リスク社会的な関心をおもちなら、「国境や生活空間をこえたリスクがどういった構造をもっているか？」「被害者になる危険性だけでなく、しらずしらずのうちに加害者になる危険性はないか？」といった感覚の確保あたりか？　実際、環境破壊であれ、社会的排除であれ、わたしたちは、リスク構造のどこかに位置づけられており、被害者にも加害者にもなりえます。あるいは、女性のばあいなら、妊娠の可能性を人生のなかでどう位置づけるかも、無視できないでしょう。たとえば、本文中で紹介したように、平均初婚年齢28歳超、結婚までの平均交際期間が4年前後という近年の動向を直視す

るなら、いわゆる「婚活ブームや不妊治療問題を冷笑するだけではすまないだろうな」といった想像力なども必要かと。もちろん、「婚活ブームや不妊治療問題は少子化対策上一大事」といった自明視からではなく、自身と周囲が地球の自転・公転によって高速移動していることに無自覚なのとおなじような構造を、西太平洋の人口動態のうねりにのせられているのだという想像力としてです。1章で紹介した、カガミばりの半球ドームから自身と周囲をモニタリングするイメージ（p.38）は、その半球ドーム自体が、日常自覚できないけど高速移動しているという意味をふくんだものです。

　保護者や先生方といったオトナのみなさん。毒性のたかい有害図書とおもわれたかもしれません。「アテナイの国家が信じる神々とは異なる神々を信じ、若者を堕落させた」と非難された賢者ソクラテスのような影響力などありえませんが、はたして同様の「毒性」がみられたかどうか？

　　　ある朝のこと、不意に独創的な考えが浮かんだ。……同僚を集めてその考えを自信満々で披露した。ところが予想に反して同僚の反応はかんばしくない。……それまで黙って冷笑していた弟子が、「その理論は正しいと思います。でもそれは私自身が学位論文の中で展開した考えではないですか」と答えた。……確かにその理論は一年半ほど前に自らが審査したこの弟子の論文にほとんど一字一句違わず展開されていた。それだけでなく、何とそこには教授自身の筆跡で「否。この考えは間違っている」と記されていた……
　　弟子（少数派影響源）の主張を退けておきながらも無意識的には影響を受けており、後になってその効果が顕在した様

子がこの逸話によく現れている。そしてその際には影響源が何であったかも忘却され、影響の内容のみが受容されている。……

(小坂井敏晶［2002］pp.184-5)

つたない表現では、いたずらに反感をまねくだけかもしれませんが、それはすくなくとも「影響源」にはなりえる可能性を確保したといえそうです。読書の痕跡さえのこらないよりずっとマシでしょう。この文章がどうであったかは、何年か後までわからないはず。オトナのみなさんにとっても。

最後になりましたが、いつも毒性のたかい文章を発信する筆者をみまもりつづける石田俊二社長、そして装丁ほか尽力くださった山野麻里子さんに、御礼もうしあげます。

辛亥革命から100年めの年。A級戦犯処刑／馴れ合い解散（1948年）におもいをはせる日に

横浜、2011年12月23日

著者紹介

ましこ・ひでのり (msk@myad.jp)

1960年茨城県(イバラキケン)うまれ。東京大学大学院教育学研究科博士課程修了（博士：教育学）。日本学術振興会特別研究員などをへて、現在、中京大学国際教養学部教授（社会学）。
主要著作：『日本人という自画像』、『ことばの政治社会学』、『増補新版 イデオロギーとしての「日本」』、『あたらしい自画像』、『増補新版 たたかいの社会学』、『幻想としての人種／民族／国民』、『知の政治経済学』、『社会学のまなざし』、『愛と執着の社会学』、『加速化依存症』、『ゴジラ論ノート』『コロニアルな列島ニッポン』『言語現象の知識社会学』『あそび／労働／余暇の社会学』『アタマとココロの健康のために』（以上、三元社）。
共著に「社会言語学」刊行会編『社会言語学』(1-14号＋別冊)、真田信治・庄司博史編『事典 日本の多言語社会』（岩波書店）、前田富祺・野村雅昭編『朝倉漢字講座5 漢字の未来』（朝倉書店）、『ことば／権力／差別』（三元社，編著）、大橋・赤坂・ましこ『地域をつくる――東海の歴史的社会的点描』（勁草書房）、田尻英三・大津由紀雄 編『言語政策を問う！』（ひつじ書房）、米勢・ハヤシザキ・松岡編『公開講座 多文化共生論』（ひつじ書房）、Mark ANDERSON, Patrick HEINRICH ed."Language Crisis in the Ryukyus" Cambridge Scholars Publishing ほか。

シリーズ「知のまなざし」
社会学のまなざし

発行日
2012年3月31日　初版第1刷発行
2020年5月20日　初版第4刷発行

著者
ましこ・ひでのり

発行所
株式会社 三元社
〒113-0033 東京都文京区本郷1-28-36 鳳明ビル
電話／03-5803-4155　FAX／03-5803-4156

印刷＋製本
シナノ印刷 株式会社

MAŜIKO Hidenori © 2012
printed in Japan
ISBN978-4-88303-311-9
http://www.sangensha.co.jp